JN123003

コーチング
1on1で
成果を

著　ティム・ハルボム
ニック・レフォース
クリス・ハルボム

監修　居山 真希子
訳　横山 真由美

最大化する
心理学NLP

GENIUS PUBLISHING

監修者のご挨拶
コーチングや 1 on 1 の成果を最大化できる 1 冊

これからコーチングや 1 on 1 を通して実力をより高めたい方には、クライアントや部下に対してより貢献できる方法がこの本にはあります。

また、コーチングとは何かという基礎的な内容から、コーチングの始め方やプロセス、最新のテクニックまで網羅されています。NLP を学ばれた方にとっては、NLP の具体的な使い方が分かります。

著者の 3 人は、国・文化・人種を超えてクライアントに大きな変容を与え続けているカリスマです。

ティム・ハルボム氏は、国際的に広く知られる最も才能と実績がある NLP トレーナーであり、コーチングの分野では International Academy of Behavioral Medicine, Counseling and Psychotherapy（IABMCP）より、プロフェッショナル・コーチング分野での Diplomate（最高位の会員資格）を授与されています。

クリス・ハルボム氏もまた世界的に知られた NLP トレーナーです。世界中で教えている NLP マネークリニック ™ プログラムと Dynamics Spin Release™ の共同開発者でもあり、多くの人々がネガティブな思考パターン、制限のビリーフを手放すこと、そして望んでいるものをより多く手に入れるためのサポートをされています。

私がお 2 人にお会いしたのは、2009 年にカリフォルニアで開催された NLP マネークリニック ™ のトレーナーズ・トレーニングでした。

私がこの分野にのめり込み、世界で唯一 4 つのマスタートレーナーの資格を有するところまで導いてくださったのがこのお 2 人です。お 2 人のトレーニングか

ら衝撃を受け、様々な学びを得ていくようになりました。

　そして、お２人が開発された卓越したプログラムとお人柄に惚れ込み、日本でも講義を行っていただくようになりました。

　ニック・レフォース氏は、国際的な NLP トレーナー、コーチであり、また人に変容を与える詩人として知られている人物です。ニック氏が書かれたポエム（詩）集は何冊にも渡ります。NLP の共同開発者であるロバート・ディルツ氏がトレーニング中に何度もニック氏のポエムを語る場面がありますが、そのポエムが語られると、それだけで不思議とその場が気づきと変容のフィールドに変化します。

　私が NLP マスタートレーナーになるきっかけを作ってくれたのがティム＆クリス・ハルボムご夫妻、そして私が悩みの底の暗闇から抜け出せない時、たった一言でそこに光を差し込み、ブレークスルーを起こしてくれたのがニック・レフォース氏です。

　この３人のカリスマたちの叡智がこの本には詰まっています。

　彼らのトレーニングを受けていると、多くの方が共通して「この人のようになりたい」という気持ちになります。彼らは人が変容するプロセスを教えるだけでなく、人を導く立場の方に最も重要な「在り方」を、身をもって教えてくれる指導者たちです。

　文字からその雰囲気や人柄を 100％感じ取っていただくのは難しいことですが、少しでも彼らの在り方まで伝わることを願っています。

　そして、いつの日か彼らの卓越した講義を受け、読者の皆さんにもその空気感を肌で感じ取っていただきたいと思っています。

それでは世界中のクライアントに素晴らしい変容を起こし続け、成功に導いた３人の叡智の旅を始めてください。

NLP-JAPAN ラーニング・センター

トレーニングマネージャー

NLP マスタートレーナー

居山真希子

目次

第1章　概要

第2章　コーチングのプロセス

謝辞

　NLP の分野やコーチングの実践に貢献してきた以下の方々により、本書の出版を実現することができたことを心より感謝します。

　NLP という優れた分野を創造し、様々なモデルを開発したリチャード・バンドラーおよびジョン・グリンダー、そして彼らのモデリングの対象となったヴァージニア・サティア、ミルトン・エリクソン、フレデリック・パールズ。私たちの同僚であり、師でもあるロバート・ディルツは現在も NLP やコーチングの分野で数多くの開発を続けています。スティーブとコニレイ・アンドレアス夫妻の貢献により、NLP がさらに強固で理解しやすいものになっていきました。メタプログラムやクライテリアの開発に大きく貢献したロジャー・ベイリーとレスリー・キャメロン・バンドラー。NLP をコーチングの世界に適用するために、その先駆者として尽力したジャン・エルフライン。NLP やコーチングを活用したワークの草分け的存在であり、同分野において数々の卓越した書籍を出版してきたイアン・マクダーモット。そして最後に、コーチングという分野を築き上げてくれたトマス・レナードとティモシー・ガルウェイ。

　さらに、付録に含まれるケーススタディに協力を頂いたコーチのカーナ・ズンドビー、エピファニー・ショー、ダン・ロス、ホーリー・ストークス、オースティン・ショーにも心より感謝します。

はじめに

　私たちの使命は、能力の向上や変容の促進、コミュニケーション改善、さらにコーチング、心理療法の分野において本当に効果を生み出すものを発見し、それを他者と共有することです。私たちはさらに、できる限り質が高く、完全な状態の情報提供とスキル開発を目指し、関わるすべての人々が公私共に発展と成長を遂げられるように、強いコミットメントを持ってクライアントと関わっていきます。

　本書の目的は、読者の皆さまのコーチまたはセラピストとしての能力が向上する、明確で具体的な手法を提供することです。コーチやセラピストの仕事というのは、当然ながら全身全霊を込め、様々なスキルやリソース（人が最高の状態になるために必要な資源や資質）を独自に組み合わせて行うものです。本書で紹介する数々の手法を実践すれば、コーチやセラピストとしての能力はさらに飛躍することでしょう。本書で紹介するこうした手法は、私たちが世界中で開催しているコーチトレーニングにおいて受講生たちと共に検証し共有してきたものであり、このように書籍という形で皆さまにも共有できることを大変嬉しく思っています。

　私たちの願いは、皆さまが各章の内容に刺激を受けて、さらに先を読みたいとページをめくり続けながら、文字通り「隅から隅まで」本書を読み込んだり、自分の役に立つと思える箇所に印を付けたりして、本書を今後のための手引書、参考書として使って頂けることです。

　本書は、経営者に役立つコーチング・スキルを提供するために書いた『Coaching in the Workplace（職場におけるコーチング）』（2012年）の改訂版です。1冊目のこの書籍が出版されて以来、その有用性を称える数多くの感想が、プロのコーチやセラピストからも長年に渡って寄せられてきました。そこで、企業に限らず、様々な現場でライフコーチングを提供しているすべての人々に向けて、本書を出版することになりました。

著者紹介

ニック・レフォース

　私のコーチとしてのキャリアは、10代の頃に立てたシンプルな誓いから始まりました。私の親友のリックは、高校時代を通して、エリカというガールフレンドと付き合っていました。とにかく彼女に夢中だったのです。彼女と人生を共に歩みたいと願ったリックは、彼女にプロポーズをします。ところがエリカの方は、彼のことを愛してはいたものの、結婚を決める前にもっと人生の様々な側面を探求する必要があると感じていました。そして彼女はリックに別れを告げたのです。精神的に打ちのめされたリックは、助けを求めて私のところにやってきましたが、彼が泣くために肩を貸すことくらいしかできませんでした。

　それから少し経ったある夜のこと、深い悲しみから抜けられずにいる彼の姿を見て、辛い思いをしている人々を救う方法を学んでみせると自分自身に誓ったのです。その思いは真剣なものでした。それからというもの、辛い出来事を乗り越えた時の体験談を話してくれる人のもとへ、誰彼かまわず話を聞きに行きました。この経験を踏まえて私が学んだことは、その人の生きる姿勢が強い影響力を持つということ、そして困難に立ち向かう時にどのようなマインドセットを持っているかによって大きな違いが生まれるということでした。言い換えれば、彼らを救う答えは周囲の環境ではなく、彼ら自身の中にあったということです。

　その後、私は大学で心理学と社会福祉学を専攻し、大学院ではリハビリテーション管理と心理学の分野で学位を取得しました。その頃に集中的に研究したのが、神経言語プログラミング（NLP）とエリクソニアン催眠療法です。1983年のことでした。NLPと催眠療法を学び、実践を続ける中で出会ったのが、最も強力かつ効果的な変容を起こすことができるティム・ハルボムとクリス・ハルボムであり、2人とは以来ずっと共に仕事をしてきています。そして私個人のビジネスでも、自分の中に眠る答えを見つけるという考え方に基づき、自社名を「Inner Works 〜人生で成功するためのインナー・ワーク（内面とのワーク）を見つけ

るために～」としました。現在、私はコーチとして、またコーチのためのトレーナーとして世界中を飛び回るという素晴らしい環境に恵まれながら、人生の舵取りをするための知恵やスキルを教え、広めています。

ティム・ハルボム

　私は、セラピー・スキルやコーチング・スキルを専門に教える講師として知られていますが、30 年以上に渡り、1 対 1 のセッションも積極的に行ってきました。はじめは心理療法士として、そして 19 年前からは正式なコーチとして、多くのクライアントとセッションをしてきました。心理療法士の資格を取得した後、新たに論理療法、精神力学、ゲシュタルト療法、瞑想法、家族療法を学んできました。これらはどれも非常に有用な概念やスキルではありましたが、常に多少の苛立ちも感じ続けていました。というのも、私が求めていたのは、相手に対して効果的かつ効率的に機能するような、もっと明確で具体的な方法だったからです。そこで出会ったのが神経言語プログラミング（NLP）でした。NLP を学び始め、既に習得していた多くのスキルと組み合わせた時、私の能力のレベルは大きく飛躍しました。そしてついに、クライアントが一貫してポジティブな違いを生み出すことのできる数多くの方法と具体的な手順を手に入れることができたのです。そして今日、本書でこれらの実践的なスキルを共有できることを大変嬉しく思っています。

クリス・ハルボム

　1986 年、大学で心理学を学んでいた私に、その後の人生を永遠に変えてしまうようなショッキングな出来事が起こりました。隣人でもあり勉強仲間でもあったよき友人が、私たちが共同で借りていたアパートの駐車場で自らの命を絶ったのです。彼が自殺を図った車は、私の部屋の目の前に駐車されていました。彼の死が強いトラウマとなり、私は深刻なうつ状態に陥りました。オール A だった

成績も、ほんの数週間のうちに全クラスで単位を落とすほどの状態へと落ちていきました。

　幸いにも、ある心理学の教授が私の急な変化に気づき、何かできることはないかと研究室に招いてくれました。そして、役に立つかもしれないからと、当時はまだ新しかった、人の心に働きかける手法である神経言語プログラミング（NLP）を教えてくれたのです。もちろん私は喜んでそれを受け入れ、教授はその場で40分間のセッションを行ってくれました。このたった1回のセッションで、私は極度のうつ状態から抜け出し、学業への情熱や人生に対する活力を取り戻すことができました。落ち込んでいた成績もすぐに好転し、私は普段の状態へと戻っていきました。

　この時の体験にとてつもなく大きな影響を受けた私は、この分野でキャリアを築いていこうと決心しました。そして大学を卒業後、受講できるNLPトレーニングをすべて受講し、NLPの実践者として1対1のセッションを提供するビジネスを立ち上げました。その後「コーチング」と呼ばれる新たな分野と出会い、1996年にプロのコーチとして歩み始めました。そして現在に至るまで、人々のために積極的に活動を続けています。

本書の構成

本書は以下の5つの章から構成されています。

第1章『概要』では、コーチングの全体像、他のアプローチとの違い、また組織の中で従業員にコーチングを提供すべき人は誰かといったトピックについてお伝えします。

第2章『コーチングのプロセス』では、いくつかの評価プロセス（「普遍の変化のサイクル」や「メタプログラム」）を含む、コーチングというプロセスの開始から完了までの過程を理解できるようになっています。

第3章『コーチング入門：基礎』では、コーチングのプロセスにおけるすべての段階で役に立つコミュニケーションスキルや対人スキルをお伝えします。

第4章『コーチング・セッションの概要』では、セッションを管理するためのモデルを紹介し、ラポールの構築、アウトカム設定、ステート・マネジメントの手法など、あらゆるセッションで役立つ具体的な手順やプロセスをお伝えします。

第5章『テクニック』では、特定の状況に対する具体的な心理的介入方法の数々を紹介します。

第**1**章

概要

なぜコーチングなのか

　コーチングのプロセス（過程）を通して見出され、発展していく人間関係というものがあります。その人間関係とは、コーチとクライアントの間で育まれていくユニークな関係であり、気力や活力などといったエネルギーを原動力とします。コーチングとは、家族や友人、仕事仲間との間で互いに提供されるサポートやメンタリングをはるかに超えたものであり、将来性のある人気の職業として考えられています。他者が成功するように導き、モチベーションが上がるようにサポートすることが得意な人や、そうした分野に関心を持つ人にとって、理想的な職業と言えるでしょう。

　そしてクライアントが、人生の記念となる大きな進歩を遂げる際の目撃者にもなれるため、コーチングとは非常にやりがいのある職業だと言えます。クライアントが進歩することで、クライアントの周囲の人々にも大きな影響が及びます。その影響が波紋のように広がっていく様を目撃できることは、コーチという仕事が持つ影響力の大きさと満足感を強く感じさせてくれます。これがこの職業の魅力の１つだと言えます。

　そもそもコーチを雇おうと考える人は、より高い次元の成功に到達するためには、支援してくれる人と共に物事に取り組む必要があること、そしてコーチングを通して、他の手段では得られないような強みを身につけられることを既に知っています。コーチングによるサポートを得て実現できる成果は、映像や書籍から得た知識だけでは決して手に入れることができません。なぜならコーチは、クライアントの生活や人生全般に関して、または独自のニーズに関して、１対１でコミュニケーションを取りながら、その人のゴールに焦点を当てた上で、弱みや強みを見定めてくれるからです。コーチングの本質とは、コーチとクライアントの相互のつながりを通してクライアントを現在いる場所から彼らが望む場所へと連れて行くものなのです。

　熟練のアスリートが様々な限界を超えるために、そしてインスパイアされながら目指す方向へと進み続けるためにパーソナルコーチを雇うのと同様に、多くの人がゴールを明確にして確実に達成していくために、そして自らのスキルや能力を完全なものにするためにコーチを雇います。そのため、コーチングの種類は人が興味や関心を持つ分野の数だけ存在しています。例えば、マーケティングコーチ、ライティングコーチ、パブリックスピーキングコーチ、ビジネスコーチなど、世の中には数え切れないほど多くの種類のコーチングが提供されています。

　本書では、クライアントを次のレベルへと引き上げられるような卓越したプロ・コーチになるために必要なコーチング・ツールを提供します。こうしたツールを活用することにより、傑出したコーチングのエキスパートとして、ビジネスを成長させ収入を増やしていくことが可能になります。どのような分野でコーチングやセラピーを提供していたとしても、本書を通してクライアントとの関係に対する正しい理解と、最も効果的なスキルの使い方を学ぶことができます。

　あなたとクライアントがさらに高いゴールを設定し、より良い決断を下し、ゴールを達成するために行動を起こし、持ち前の強みを活かせる助けとなることが本書の最大の目的です。

適切なコーチングが可能とするもの

・クライアントとの関係性をより強固なものにする

・クライアントへのエンパワーメント

・クライアントの強みを特定する

・クライアントの価値観を特定する

・クライアントにとって、挑戦しがいのある現実的なゴールを設定する

・クライアントの意思決定スキルを向上させる

・クライアントの問題解決スキルを向上させる

・クライアントのタスクや任務へのコミットメントを高める

・クライアントにとって有効なアカウンタビリティ（コーチへの報告責任。

自分で考え行動し、結果を出し、それをコーチに報告すること）を負わせる
・クライアントの意欲を刺激する
・クライアントの創造性を解き放つ
・クライアントのモラルの向上
・クライアントが成長するための方向性を示す

コーチングとは

　国際コーチ連盟（ICF）は、コーチングを次のように定義しています。

「コーチングとは、クライアントが私生活や仕事において満足のゆく成果を生み出せるようにサポートする、継続的なパートナーシップである。コーチングのプロセスを通して、クライアントは学びを深め、パフォーマンスを向上させ、人生の質を高めていくことができる。

　またコーチングとは、個人や組織がより早く成長し、さらに満足のゆく結果を生み出すための相互作用的なプロセスである。コーチングを受けた結果、クライアントはより良いゴールを設定し、より多くの行動を起こし、より良い決断を下し、持ち前の能力をさらに十分に発揮できるようになる。

　コーチとは、傾聴や観察の訓練を受けた者であり、クライアントのニーズに合わせてアプローチをカスタマイズし、クライアントから解決策や戦略を引き出すことができる者のことを指す。また、クライアントが既に持っているスキルやリソースを充実させ、創造性を高めるためのサポートを提供することが自分の仕事だと信じているのがコーチである。客観的な視点をもたらすのがコーチの役割であるが、自身が望む結果を出すための手段を講じる責任はクライアントにある」

　国際コーチ連盟ではさらに、コーチング・セッションを次のように説明してい

ます。

「各セッションで話されるテーマを選ぶのはクライアントである。コーチは、クライアントの話を丁寧に聞きながら相手を観察し、質問することに尽力する。これによりクライアントの中に明確さが生まれ、クライアントを行動へと促すことが可能となる。コーチングを行うことにより、クライアントの意識を新たな選択肢に向けることができるため、結果的にクライアントの進歩も加速する。クライアントの現状に焦点を合わせると同時に、理想の状態へと進んでいくためにクライアントが意欲的に実行していきたいことに焦点を合わせるのがコーチングである」

コーチングの焦点とは

　ICFマスター認定コーチ（ICF、MCC）のジャン・エルフラインは、コーチングという仕事について次のように述べています。

「カウンセリングと同様に、コーチングもまたクライアント中心であり、個々人に合わせて内容を変えていくものです。そしてカウンセリングのように成果志向で、クライアントのビジョンや行動を扱います。優れたトレーニング、セラピー、カウンセリング、メンタリングと優れたコーチングとの最大の違いは、非常にシンプルです。それは、**コーチは答えを持っていない**という点です。つまり、コーチは専門知識を提供する仕事ではないのです。リソースを発見したり活用したりする能力も含め、クライアントは必要なリソースを既に持っているという前提のもとで、コーチはクライアントと関わります」

　コーチングを受けることによって、クライアントはより意識的かつ意図的に行動し、考えるようになります。自分がどのような選択を下すのか、そしてその選択が自分の人生のクオリティにどのような影響を与えるのかということに対する意識が高まっていくのです。コーチはただ、クライアントが能力を開発し、行動

の柔軟性を高め、不慣れなことに挑戦し、新たな領域へと踏み出せるようにサポートするだけです。行動することを通して、選択し、行動を起こし、自分の人生を創造するといった能力にクライアント自らが気づいていきます。その功績はコーチではなく、すべてクライアントが立てるのです。

　コーチング分野の先駆者で今は亡きトマス・レナードは、コーチングを行うことの目的を次のように述べました。

「クライアントが、より有効で達成可能なゴールを設定し、1人で成し遂げられること以上のことを成し遂げ、より良い結果をより早く実現するために集中し続けられるようにすることである」

コーチング・スキルと心理療法

　もしあなたがセラピストなら、コーチングのあらゆるツール、スキル、テクニックは、心理療法（心理セラピー）の場でもあなたの能力を増進し、クライアントが成果を出せるように後押しするものであることを知っておいてください。ワークは検証可能なので、セッションの終わりにクライアントの進歩を記録しておくとよいでしょう。

神経言語プログラミング（NLP）

　本書で説明されているテクニックやプロセスの多くは、神経言語プログラミング（NLP）に基づいています。NLP は物事の有効性を追求するための解決志向型モデルとして始まり、当初は認知行動心理学の分野で主に用いられていました。そうした意味では、常にコーチングと密接に関わるものだったと言えます。しかし元々 NLP は人の体験の構造を研究するものであるため、人間のあらゆる行動に適用することができ、カウンセリングや教育、ビジネス、法律、その他の様々

な分野で効果的に用いられるようになっていきました。

　NLP は 1970 年代半ばに、カルフォルニア大学サンタ・クルーズ校のジョン・グリンダーとリチャード・バンドラーによって開発されました。以来、多くの人々の貢献によって成長と発展を続ける分野となっていきました。NLP についてさらに詳しく知りたい場合は、書籍『NLP: The New Technology of Achievement（NLP：達成するための新しい技術）』（1996 年）から読み始めることをおすすめします。

　NLP とコーチングは絶妙な組み合わせです。なぜなら、NLP は人を理解するための効果的な枠組みと、コーチングに役立つ具体的なテクニックを提供しているからです。NLP が様々な方法で応用できる学問分野である一方で、コーチングはその人が今いる場所から理想の未来へと連れて行ってくれる乗り物のようなものです。NLP が提供するのは、その人の内面の変化を促す方法や、他者がさらにリソースフル（リソースに満ちた状態）な精神状態で効果的に行動する助けとなる、具体的な「方法」やスキルです。

　次の表は NLP とコーチングの関係性をまとめたものです。

NLPとは	コーチングとは
・学問の分野 ・行動のテクニック ・変容テクニックの集合体 ・方法論 ・スキルセット	・NLPやその他のコミュニケーションモデルの応用であり、媒体 ・ある地点から別の地点へ移動するためのメソッド ・スキルセット

コーチとクライアントの関係性

　本書を通し、コーチングを受ける人を「クライアント」と呼びます。コーチとクライアントの関係性を明確にしておくことは、この関係性においてコーチが果たす役割や、クライアント自身が負うべき責任を理解する上で、極めて重要です。先にも述べたように、コーチングと他のアプローチとの大きな違いは、コーチは答えを与えないということです。コーチングの最終的なゴールは、クライアントの内面にあるものを引き出し、クライアント自身の内なる知恵や、強さ、能力を刺激して最高の状態で力を発揮させることです。

　さらに具体的なコーチとクライアントの関係性については、「第2章：コーチングのプロセス」で詳述する「コーチ契約」の中で定義していきます。

第 2 章

コーチングのプロセス

コーチングは複雑なプロセスです。クライアントを効果的に導き、必要となる個々の段階を着実に完了させていくには、当然ながらプロセスの手順を理解しておかなければなりません。今から紹介する「コーチとクライアントの関係性を表すマインドマップ」や第4章「コーチング・セッションの概要」を参考にすることで、コーチングというプロセスを最初から最後までしっかりと進めていくためのツールとして活用することができます。

「コーチとクライアントの関係性を表すマインドマップ」では、コーチングというプロセスの全体像が確認できます。プロセスを進める中で、主にどのような手順を踏めばよいのかを理解し、それぞれの手順を順調に進めながら、次は何をすべきなのかを把握することができます。このマインドマップがあれば、コーチング全体の流れを念頭に置きつつ、各手順におけるクライアントの具体的なニーズにしっかりと寄り添うことができるようになります。

コーチング・プロセスの大半の時間は、このマインドマップの「コーチング・セッション」と書かれている部分に費やされます。コーチング・セッションを進めるための具体的な手順は、第4章「コーチング・セッションの概要」の冒頭部分に掲載したマインドマップをご参照ください。これら2つのマインドマップを使い、コーチとクライアントの関係性を効果的に導けるようになっています。

コーチ契約

コーチとクライアントの関係とは、両者の関係性を明確に定義する一連の同意事項やコーチ契約を通じて、意図的かつ丁寧に構築されていくものです。両者の間で交わされるコーチ契約は、コーチングの分野では「デザインされた協働関係」と呼ばれることもあり、時間の経過と共に更新されていく正式な契約関係として捉えられます。この契約によって両者の役割が明確になり、取り決めたゴールを実現するために、コーチがどのような方法でクライアントに貢献し、支援していくのかが定められます。

正式な契約関係におけるコーチの主な役割とは、クライアントが自主的にゴールを定め、モチベーションを高めながら軌道に沿って進み、途中で課題が出てきた際にはゴールを修正したり再評価したりできるように、質の高いパワフルな質問を投げかけて相手に刺激を与えることです。一方のクライアントの主な役割は、公私に渡る成長と発展の手段として、コーチングというプロセスに対して素直に心を開き、コミットすることです。

コーチとクライアントの関係性を表すマインドマップ

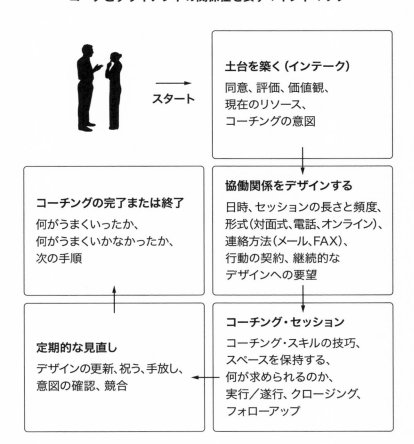

スタート

土台を築く（インテーク）
同意、評価、価値観、
現在のリソース、
コーチングの意図

協働関係をデザインする
日時、セッションの長さと頻度、
形式（対面式、電話、オンライン）、
連絡方法（メール、FAX）、
行動の契約、継続的な
デザインへの要望

コーチングの完了または終了
何がうまくいったか、
何がうまくいかなかったか、
次の手順

コーチング・セッション
コーチング・スキルの技巧、
スペースを保持する、
何が求められるのか、
実行／遂行、クロージング、
フォローアップ

定期的な見直し
デザインの更新、祝う、手放し、
意図の確認、競合

コーチ契約のいくつかの点（セッションの頻度や一回当たりの長さ、対面または電話で行うかといった環境要因）は、コーチとクライアントの関係が始まる当初に設定され、それ以降は恐らく変更されないでしょう。とはいえ、コーチとクライアントの相互関係は動的なものであり、クライアントの成長や進化に伴って絶えず流動的に変化し続けるものであると覚えておくことが重要です。例えば、どこにフォーカスを向けてコーチングを行うのか、コーチが用いる質問や介入の種類、アカウンタビリティの度合い、そして、クライアントに最大限貢献するためのコーチの在り方などは、時間が経つにつれて変化する場合があります。以前うまくいった方法が、今回もうまくいくとは限りません。コーチとクライアントは共に、現在取り組んでいることや、それがクライアントの進歩にどのような影響を与えているのかを評価し、調整していかなければなりません。

　コーチ契約が「デザインされた協働関係」と呼ばれる理由は、コーチングをさらにパワフルなものにするため、定期的に契約関係の調整が話し合われるからです。成功するコーチングとは、まさに協働のプロセスであり、クライアントもコーチと同じくらいプロセスに貢献する必要があります。コーチ契約とは、この動的な関係性を意識的に成立させるために必要な過程です。

契約を作るために推奨されるコーチングの質問

初期段階
・コーチに求めるものは何ですか？
・あなたのコーチとして、私をどのように「利用」したいですか？
・あなたはどのようにやる気になり、行動を起こすのか、わかる範囲で教えてください
・さらに速くゴールを達成するために、どのような助けが必要ですか？
・行動を起こし、それについて私に報告する責任を私からあなたに課してほしいですか？
・セッションとセッションの間に課題が欲しいですか？

進行中

・何がうまくいっていますか？

・変えた方がよいかもしれないことは何ですか？

コーチング・サイクル

　セラピーやコンサルティングとは異なり、契約に基づいたコーチとクライアントの関係では、時間というパラメーターを明確にしておくことが一般的です。「コーチング・サイクル」と呼ばれるパラメーターがあれば、成果やクライアントのニーズに応じてクライアントとの関係を見直して、調整を入れたり、関係を打ち切ったりする必要があります。

　コーチング・サイクルとは、セッションの回数をベースに決められます。一般的に、6回のセッションを1つのコーチング・サイクルとする場合が多いです。このセッション回数であれば、コーチとクライアントの間に強力な関係を築けると同時に、軌道から逸れずにコーチングに集中し続けるのにちょうどよい期間と言えます。特にクライアントが、何らかのプロジェクトや期限のある課題などを扱うためにコーチングを利用している場合は、その期間に即したコーチング・サイクルを組み立てられるでしょう（例えば3ヶ月や6ヶ月など）。コーチング・サイクルは事前の話し合いで決め、クライアントは合意した期間や回数を守れるよう、最大限の努力を投じます。

　1つのサイクルが満了する時、コーチとクライアントでこれまでを振り返るセッションを行います。そして、新たなサイクルのためのコーチング契約を交わすのか、契約内容を見直すのか、またはコーチングを終了するのかを決定します。

振り返りセッションでコーチとクライアントが行うこと

・同意したゴールに対するクライアントの進捗を評価する

- 成果を振り返る
- それまでのコーチング・プロセスにおける際立った点を振り返る、または見直す
- クライアントの価値観や、必要であれば人生全体に立ち返り、コーチングを大局的に見る
- 次のサイクルに向け、コーチングを継続するかどうかを決める

継続する場合
- 引き続きセッションを行うために再契約する
- コーチとクライアントの関係を確認し調整する
- それまでのコーチング・プロセスでうまくいった方法や、調整が必要かもしれない方法を特定する
- 優先的にフォーカスを当てていくものを変更するか否かを見極める

終了する場合
- クライアントから、コーチとしてのあなたに対するフィードバックを得る
- クライアントにとっての次の手順を話し合う
- コーチがクライアントの会社に所属していない場合は（そして、クライアントが前向きに協力したい意志があり、かつ適切な状況である時は）、「クライアントの声」として感想をもらう、あるいはほかのクライアントを紹介してもらう

インテーク（導入セッション）

　　土台を築くためのインテーク・セッションは、クライアントにとって何が大切であり、コーチとして自分がどのようにその人の役に立てるかを発見できる機会です。インテーク・セッションに時間をかけることには、絶大な価値があります。この時間があるからこそ、コーチとしてのあなたの役割が明確になり、コーチとクライアントの関係をクライアントと共に創造していけるのです。

　プロのコーチとしてこの時間を有効に活用し、コーチとクライアントの関係における基本ルールや、コーチとしてクライアントに何を求めるか、クライアントがあなたに期待できることなどを明確にしておくべきです。さらには守秘義務や、あなたが遵守したいと思っている行動倫理や基準についても話し合っておきましょう。

　コーチングとは、コーチが各クライアントと築き上げる唯一無二の人間関係であり、パッケージ化されたサービスや商品ではありません。クライアントの役に立つことを目的とする協働関係を、クライアントとコーチの2人でカスタマイズしていくものです。つまりコーチであるあなたが、クライアントがニーズや懸念に関して積極的に話したり、コーチに要望を伝えたり、今後の継続的なコーチング関係で変えてほしい点などを伝えてもらうよう働きかけることを意味します。

　インテーク・セッションは、コーチがコーチングのためのアジェンダ（課題／予定）を設定するという点で、後に行うコーチングとは進め方が異なります。インテーク・セッションを組み立てる段階で、コーチとして必要になるであろうクライアントの情報は何かという点や、時間の使い方を見極めます。つまり、クライアントと関係を築き、同意事項を決定し、そして後々クライアントと効果的にセッションを行っていくためにクライアントから必要な情報を得る、という目的を果たすために、インテーク・セッションの時間をどう活用するかについて、十分に思案することです。

　一般的なインテーク・セッションは1時間半から2時間です。あなたが必要だと思う時間で構わないので、まず全体的な時間枠を決め、その後に各パート（ラポールを築く、クライアントの基本情報を収集する、コーチングの焦点を決める、クライアントとの協働関係をデザインする、コーチングのロジスティックスに同意する）に時間を割り振っていくことが重要です。インテーク・セッションの途中、または前もってクライアントに記入してほしい書類などがあるかもしれません。そのような点も踏まえつつ、必要事項をすべて網羅し、コーチとクライアントのパワフルな関係に向けて準備を整えるために、十分な時間を確保しましょう。

ただ、これはあくまでも計画のため、すべてがその通りにはいかないであろうことも覚えておきましょう。

　自分でもインテーク・セッションを行ってみて、タイミングや「スクリプト」、そしてインテークの中身を微調整しましょう。これでいよいよ、友人や知り合いに、ぜひコーチとして私を雇ってみませんか？　と知らせる準備が整います！

インテーク・セッションを行う理由

・コーチとクライアントの関係を築き、クライアントと共にコーチ契約を作成するため
・効果的なコーチングの基礎を築くため
・クライアントの現状または現在の課題を明確にし、特定の条件を満たす「適格に構成された」ゴールへと集約させるため

インテーク・セッションでできること

・コーチとクライアントの役割を定義する
・コーチング・プロセスの構造を明確にする
・クライアントの強み、才能、価値観を探る機会となる
・コーチング・プロセスにおける最初のゴール、または優先的に焦点を当てたいことを明確にする

インテーク・セッションの手順

　コーチとクライアントの関係を始めるためのセッションを設定します。このセッションでは、次のトピックを網羅できるように十分な時間をとる必要があります。

1. コーチとクライアントの関係を定義する

2. クライアントの強み、才能、価値観を見極める

3. クライアントの全般的なゴールを特定し、現状と対比する。これを行えば、クライアントが望んでいる成功を手に入れるために埋めなければならないギャップが確認できる

4. コーチングを行う上でフォーカスを当てる主要なゴールを1〜3つ選ぶ

5. クライアントがコーチとしてのあなたをどのように活用したいかを見極める

6. クライアントがどのようにアカウンタビリティを負いたいのかを決める

コーチとクライアントの関係を発展させるための手順

1. コーチとクライアントの関係を定義します(『コーチ契約』の箇所を参照)。それぞれの役割を定義し、コーチングに期待できることを明確にし、クライアントとの協働関係をデザインする機会となります。

2. クライアントの強み、才能、価値観を見つけ出します。クライアントに対する理解を深め、彼らが大切にしているものや意欲を高めるものを知れる機会です。この部分には、インテーク・セッションの30分〜1時間を費やす価値があります。このような時間を持つことによってクライアントに光を当て、彼らをコーチングしていく上で活用できる貴重な情報を引き出せます。

　クライアントが自分の長所だと思っていることのリストを、前もって準備してもらいます。このリストには、性格や特質、特別な能力や技術、その他の個人的な強みなども含めてもらいます。リストを見ながら、クライアントと一緒にさらにリストに加えられるものを考えるように奨励します。さらに、次のいくつかの事柄についても話し合ってみましょう。

価値観とクライテリア(価値基準)

　クライアントが日頃から人生全般において大切に思っていること、そして取り組みたい特定の領域で大切にしていることを尋ねます。まずシンプルに、「仕事(または人間関係、あるいはライフスタイル)において、あなたが求めるものは何で

すか?」と質問します。クライアントが自分のキャリアに取り組みたい場合は、「あなたのキャリアにおいて大切に思うことは何ですか?」と尋ねることもできます。このようにしてクライアントのクライテリアを聞き出し、それが満たされているかどうかが、どのようにしてわかるのかを尋ねます。

モチベーション（動機付け）

インテークのタイミングで使える非常に優れたツールが、メタプログラムに基づいた動機付けです（メタプログラムの説明は、本章44ページ以降参照）。また、メタアウトカムのスキルを使うことでも、クライアントの最も奥にある動機付けを見つけられます（131ページ以降参照）。

ゴール

コーチングを受けることで達成したいと思っている長期的なゴールと短期的なゴールをクライアントに話してもらいます。ここでも、クライアントの現状またはクライアントが現在抱えている課題を明確にし、一定の条件を満たす「適格に構成された」ゴールと対比させます。

個人的な成長

クライアントは、どのようなスキルや能力を向上させたいのでしょうか。どのような個性や特徴をさらに養っていきたいのでしょうか。また、クライアントのロールモデルやメンターとなり得るのは、どのような人々なのでしょうか。

クライアントに、コーチングにおいて主に扱いたいゴールを1〜3つ選んでもらい、コーチに対して求めるものや、コーチングが順調に進んでいることを知る方法を明確にするなど、コーチとしてのあなたをどのように活用したいと思っているのかをクライアントに尋ねておけば、コーチングのためのガイドラインを得られます。コーチングは常に進化し続ける過程であるため、定期的にこのような質問をする必要があります。また、クライアントがどのようにアカウンタビリティを負いたいのかを決めておくことも大切です。

一人二役を果たす際の注意点：コーチは時に、１人で２つの役割を担う場合があります。例えば、上司が部下にコーチングを提供したり、セラピストとして関わったりする場合もあるかもしれません。こうしたケースでは、どのように役割を切り替えるかについて、事前に同意しておくと良いでしょう。つまり、言葉通りの純粋な意味での「コーチ」としてクライアントと関われないということです（コーチとクライアントの関係について述べている第１章終わり以降を参照）。

コーチは、それぞれの役割が明確になるように工夫します。そのためには、役割に応じて違う椅子に座ったり、別の部屋を使ったりすることも必要です。シンプルな方法として、帽子の比喩が使えます。セラピストとして関わっている時は、「今はセラピストの帽子を被っています」とクライアントに伝え、コーチとして関わっている時は「今はコーチの帽子を被っています」と伝えるという方法です。

普遍の変化のサイクル

普遍の変化のサイクルとは

１つの考え方として、コーチングとは、クライアントの人生を意識的に変化させられるように管理する手助けをするものだと言えるでしょう。主にクリス・ハルボムによって開発された「普遍の変化のサイクル」は、万物に例外なく当てはまる変化の過程を体系化したものです。

変化とは必然的で回避不可能なものですが、その周期を予測できると認識することは非常に役に立ちます。変化を意識的に考察し、管理しておかないと、どちらにしても起こってしまう変化がカオス（混沌）を引き起こす場合があります。コーチングの大きな利点の１つは、優れたコーチングによってよりポジティブな変化と、よりスムーズな体験を促進できることです。

普遍の変化のサイクルを用いる理由

・クライアントだけでなく、コーチ自身も変化の本質を学べる
・クライアントが変化のサイクルのどこにいるのかを評価できる
・変化は必然的なものであり、ある特定の構造を持っていることをクライアント
　に気づかせることができる
・変化に対する認識を維持することで、より効率的に変化を扱える

普遍の変化のサイクルがもたらすもの

・変化の過程における現在の段階が特定できる
・変化の過程におけるクライアントの状態を把握するための診断のツールを提供
　してくれる
・エコロジカルな意思決定や行動を奨励する。つまり、その行動がクライアント
　にとって良いものであり、ほかの価値ある選択肢を制限するものではなく、ク
　ライアントが属する大きなシステムにとっても良いものであると確認できる

普遍の変化のサイクルの使い方

　普遍の変化のサイクルは、コーチングのための枠組みを提供してくれます。変
化は必然的に起こるものであると受け入れ、変化の周期を尊重することによって、
クライアントが人生をより良く歩めるようにコーチングできます。普遍の変化の
サイクルについて詳しく説明していきましょう。

　普遍の変化のサイクルとは、この宇宙が誕生して以来、130億年続いてきた継
続的な過程です。

　私たちは、植物、樹木、恒星、細胞、動物などのあらゆる生態系の中で起きて
いる7つの普遍の変化のサイクルに気づきました。そしてこの同じサイクルは、

車、家、コンピューター、経済など、ほとんどの非生態系の中にも見られます。普遍の変化のサイクルはまた、人の人生や行動のあらゆる側面にも見出すことができます。結婚、ビジネス、健康面、家族、そして人の精神状態などでも起きています。さらに私たちは、日常生活においても毎日、毎年、これらのサイクルを体験しています。このサイクルを認識することで、人は自分が望む人生経験を意識的に創造し、自分が選んだ現実を作り出せます。人生がうまくいく人は、この変化のサイクルに自然と順応しているのです。

『普遍の変化のサイクル』の7つのサイクル（周期）を説明しましょう。

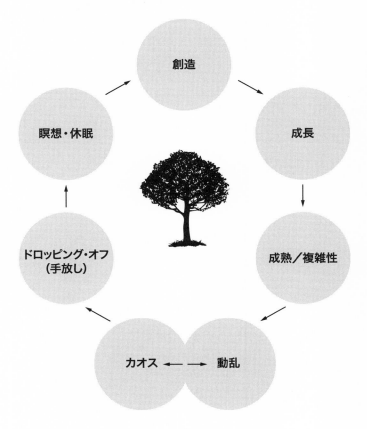

1. **創造**：このサイクルは新しい始まりを意味します。すべてのものには始まり
   があり、大抵の場合、ひらめきや行動、計画からスタートします。創造の例
   としては、起業、赤ちゃんの誕生、株式や国債・公債への初投資、書籍や絵
   画のアイディアの創出、初めて家を建てる、結婚、新車の購入、菜園への種
   まき、ビッグバン（この宇宙の誕生として認識されているもの）などがあり
   ます。

2. **成長**：システムが成長して発達し始めると、当初の創造が「自己組織化」を始め、
   形ができ上がってきます。新たな行動パターンが現れ、当初の創造を中心に
   システムが自然に構築されていきます。例えば、新事業で素晴らしいマーケ
   ティングプランが練られる、投資した株の価格が上がり始める、植えた小さ
   な木が成長の兆しを見せる、子どもが言葉を話し始め、歩き始めるなどがあ
   ります。

3. **複雑な発展から成熟へ**：システムが成長を続け、さらに形成されていくと、
   最適な流れの状態または「安定した状態」に至るまで複雑化が進みます。こ
   の状態の時、システムは最も効率よく機能します。安定した状態の例として
   は、仕事が非常に順調、アスリートがゾーン（完全に集中している状態）に
   入る、植えた木が美しい緑の葉を茂らせる、結婚生活がとてもうまくいって
   いる、購入した車の調子が良い、投資した株が大幅に値上がりする、自分自
   身や人生のすべてに満足しているなどがあります。

4. **動乱（フィードバック）**：さらに成長、発展することでシステムが複雑にな
   り過ぎると、問題が起こり、動乱が始まります。動乱は、システムの複雑な
   状態をこれ以上支えきれないために、何かを再組織化、変更、あるいは手放
   す必要があるという、環境からのフィードバックだと考えることができます。
   例えば、雇った部下が結果を出していない、夫婦の間で深刻なコミュニケー
   ション問題があり、健康や幸福の状態に影響を与え始めている、植えた木の
   葉が色を変え始める、投資した株の価格が下がり始める、ちょっとした身体
   の不調が気になり始める、人生に対する憂鬱さや不満の兆候に気づく、車が

時々おかしな音を立てるなどがあります。

5. **カオス**：システムが完全に崩壊してしまうと、カオス（混沌）へと突入します。例えば、木の葉が茶色く縮れてしまう、問題のある従業員が事業全体の繁栄を脅かすような行動を取る、投資した株が急落する、結婚生活が完全に破綻している、深刻な病気にかかる、車が出していた異音がますます大きくなり、青黒い煙がマフラーから噴き出し始めるなどです。

6. **ドロッピング・オフと再組織化**：人生が複雑になり過ぎてカオスが始まると、システムの全体的なバランスを取り戻すために何かを手放す必要が出てきます。蛇が脱皮する、木が葉を落とすなどの現象は、この手放し（ドロッピング・オフ）の例です。車の部品を交換することも、ある種のドロッピング・オフであり、再組織化です。人生で直面する難題を乗り越えて前へ進むためには、**制限になるビリーフ**（自分に制限をかけるような思い込みや考え方）やうまくいかなくなった人間関係を手放したり、行動を変えたり、あるいは世界に対する見方を変えたりして、素晴らしい何かを新しく作り出すための空きスペースを人生の中に作る必要があります。この宇宙に存在するすべての生命体は、樹木や蛇、星でさえも、自然にこのドロッピング・オフを行っています。そしてパソコンのような非生物でさえも、ごみ箱のアイコンを介してドロッピング・オフを行っています。メモリーを使いすぎている余分な情報をハードドライブから削除するために、ごみ箱という機能が存在しているのです。

7. **瞑想と休眠**：何かをドロッピング・オフして再生するため、システムは休眠の周期に入り、バランスを取り戻します。瞑想と休眠の周期は、システムが次の新たな進化のレベルにおける創造に戻るための準備期間です。凍てつく冬の寒さの中で葉を落とした木々が静かに佇むように、私たちも、瞑想や内なる静寂に入らなければいけない時があります。居心地は悪いかもしれませんが、心を静め、しばらく大人しくしていれば大きな癒しがもたらされます。元気を取り戻し、回復して再生するための「充電時間」を自分自身に十分に与えると、再び創造するための新たなエネルギーが生み出され、前進できる

ようになります。自分の足かせとなっていたものは手放されましたが、その経験で得た知識や知恵はすべて存続します。この周期こそ、新たな創造や成長のサイクルを生み出す機会となります。サイクルのこの最終段階でシステムはバランスを取り戻し、再び**創造**の周期に戻れるのです。システムは、以前に比べてコンパクトにはなりましたが、前回のサイクルからの学びをすべて取り込んでいるため、これまでより大きなエネルギーを備えた状態になっています。

普遍の変化のサイクルの良い例となるのが木です。木が経験する最初の周期は、創造、つまり種が地面に落ちて発芽した時です。十分な水と日光が与えられると、木は成長していきます。次第に、葉という葉をすべて茂らせた、完璧なまでに美しい成熟という安定した状態に至ります。そして秋の訪れと共に葉の色が変わり始め、茶色く変色した葉は地面へと落ちてゆきます。すべての葉を落とした木は、そのまま休眠した状態で立ち続けます。しかし再び春が訪れると新たな葉が芽吹き、次の創造のプロセスが始まります。

すべての生物は、成長や発展を通して徐々に複雑さを増してゆき、最終的には複雑になり過ぎてバランスを維持できなくなります。再びバランスを取り戻すためには、何らかのドロッピング・オフが必要となります。木は常に、葉でこれを行っています。木をモデリングすることで、私たちはたくさんのことが学べるのです。落葉している木のそばを歩いている時に、木が突然、「お願いだから葉が落ちるのを止めて！」などと叫んでいるのを聞いたことがありますか？　そのようなことは決して起こりません。木は、ドロッピング・オフすることで創造に戻る方法を極めています。蛇が脱皮する時も同じです。この過程に抵抗する蛇を私たちは聞いたことがありません。

興味深いことに、130億年続いているこの変化のプロセスに抵抗する生物が1つだけ存在します。この生物は自らを動乱とカオスの中に長く留まらせ、手放すべきものを手放すことに抵抗します。この生物が何か、あなたは分かりますか？

もちろん人間です！

　人間は全宇宙の中で唯一、自らを動乱やカオスの中に留まらせる生物です。人間という生き物だけが、人生で手放す必要があるものを手放そうとしません。人間関係でも、キャリアでも、健康面でも、この抵抗が起こっている様を頻繁に目にすることができます。

　ある男性が「普遍の変化のサイクル」に関わる素晴らしい気づきを私たちに話してくれました。セミナーの受講生だったこの男性には10代の娘がいましたが、この数年間は楽しいコミュニケーションがうまく取れなくなっていました。セミナー中に普遍の変化のサイクルについて学んだ後、彼は手を挙げてこう言いました。

「17歳の娘との間に、こんなにも多くの問題が起こる理由がようやく分かりました。私は心の中で、彼女をまだ幼い子どものように思っていたのです。彼女を子どもとして扱うことを手放し、若い大人として接し始めなければならないことに私は気づきました。この2年間、私たちの間で多くの動乱とカオスが起きていた理由がようやく分かりました」

　子どもとの関係は、簡単に手放せるものではありません。この男性の場合、できることはただ1つ、その関係における彼の役割を変えることでした。娘を小さな子どものように扱うのをやめ、若い大人として接し始めたとたん、2人の関係はどんどん改善されていきました。彼と娘との間に起こった魔法は、彼の内部体験の構造の中にその説明を見つけることができます。娘はまだ子どもだというイメージを、彼女は若い大人なのだというイメージに切り替えた時、現実でも彼女は大人としての行動を取り始めました。こうして彼は、娘とのまったく新しい体験を創り出すことができました。

　ある女性は、自分の子どもたちとの関係性に「普遍の変化のサイクル」が起こ

したパワフルな体験を話してくれました。「昨晩、本当に不思議なことが起こりました。その話をぜひ聞いてほしいです」と彼女は話し始めました。「普遍の変化のサイクルを学んだ後、私は5人の成人した子どもたちとの共依存関係をドロッピング・オフする必要があると判断しました」と、彼女は興奮しながら言いました。

「私の子どもたちは既に成人しているにもかかわらず、みんな親離れできないでいます。私の人生は彼らのためのもので、自分のための時間や余裕などないと思っていました。でも昨日の夜、家に向かって運転している時に私は意図を設定しました。もう何年もの間、私を子どもたちに縛り付けてきた共依存を手放そうと決めたのです。帰宅すると早速『カオス』が一気に爆発しました。子どもたち全員が順番に、人生最大の危機を訴えるために私に電話をかけてきました。1人は車が故障し、1人はボーイフレンドと破局、1人は人生最悪の日、などなど。問題があると伝えてくる子どもたちからの電話で、ベルは鳴りやみませんでした。私は1人ひとりに伝えました。『自分のことは自分に責任があり、今後は自分で問題を解決しなければいけないのよ』と」。ここまで話して、彼女の顔は輝きを増していきました。

「あなたにはどうしても伝えたかったんです。今日は、私の人生の後半がスタートする日です。子どもたちと依存し合ってきた関係はもう終わり。自分の人生を取り戻します！　もう一度学校に通いたいと思っているし、また絵を描きたいとも思っています。自分が幸せだって思えることをいろいろやります。今日からは、ほかの誰かのためでなく、自分のために人生を生きていきます」

　　自分の生活が動乱とカオスへと突入することが心配で、多くの人は変化を恐れます。このイギリス人女性の場合は、成人した子どもたちに対して常に身も心も向けていないと、彼らに恨まれるのではないかと心配していました。ところが、子どもたちに身も心も向けることで彼女自身が子どもたちを恨むようになっていました。自分が望む人生を手に入れられていなかったからです。

　共依存という絡まったつながりの関係から子どもたちを解放した途端、彼女と子どもたちとの交流は新たな形へと発展していきました。同時に彼女は、精神的な充実感を得られるようになり、以前よりもっと子どもたちに意識が向けられるようになったことにも気づいたのです。

　前述の通り、普遍の変化のサイクルは私たちの生活の全領域に影響します。中でも、最も影響を受けるのが次の領域です。

・愛情、恋愛

・キャリア、仕事

・健康

・家族

・金銭問題

・友人

・スピリチュアル

・現在の自分の精神状態

　この考え方を使って、自分自身やクライアントのそれぞれの人生領域が、普遍の変化のサイクルのどの周期にあるのかを評価できます。もし動乱やカオスの段階を迎えている領域があるとしたら、自分に聞いてみてください。「人生にバランスを取り戻せるように、ドロッピング・オフしなければならないのは何だろう？」

　常に劇的なドロッピング・オフが必要というわけではありません。例えば、朝刊を読んだり、ダイエットコーラを毎日飲んだりといったシンプルなものを手放すこともできます。何を手放そうかと考える時、次のカテゴリーを思い浮かべてみてください。行動、ビリーフ（思い込み／信念）、態度、考え方、物の見方、習慣、仕事や人間関係などです。手放すことができる具体的な例としては、喫煙、多量の飲酒、体重、テレビ、コーヒー、あやふやな線引き、猛烈な忙しさ、更新が必要な古い人間関係、厄介な従業員、良くない友人関係、混乱、無秩序、恨み、怒

り、妬み、不必要な借金、人との間の未解決／未完了な物事などが挙げられます。私たちを取り囲む外側の世界にある現実とは、私たちの内面の現実が投影されたものです。自分が望む人生を創造するためだけでなく、個人的・精神的な充足感をさらに高いレベルへ進化させていくために、自然界は私たちの完璧なお手本となります。欲しいと思うものを人生にもたらしてくれるのは、「普遍の変化のサイクル」を認識し、人生のあらゆる領域に当てはめていくことなのかもしれません。植物の種や銀河系の星々が持つクリエイティブな可能性を、私たち人間が身につけられないはずがありません。

バーバラ・ウォルターズが、億万長者のビル・ゲイツにインタビューを行った際にこう尋ねました。「今やあなたは世界一のお金持ちで、欲しいものは何でも手に入れることができます。これ以上、望むものはあるのですか？」ゲイツはこう答えました。「変化を止めないことです。私が今日、何をしたとしても明日には過去になります。決して創造をやめることなく、常に変わり続けなければならないのです」

「普遍の変化のサイクル」に関する参考文献：『万物の歴史』（春秋社、2020年）、『複雑系：科学革命の震源地・サンタフェ研究所の天才たち』（新潮社、2000年）、『The Web of Life（生命の網）』（1996年）『知恵の樹―生きている世界はどのようにして生まれるのか』（朝日出版社、1987年）、『カオス：新しい科学をつくる』（新潮社、1991年）、『精神の生態学』（新思索社、2000年）、『潜在意識が答えを知っている！』（きこ書房、2009年）

メタプログラム

メタプログラムとは潜在意識における精神と感情のフィルターであり、あなたが日常の中で何に注意を向けるのか、どのように物事を選別するのか、そしてどう反応するのかを決定します。メタプログラムのパターンを知っておけば、その人の情報処理の仕方や行動するための動機付けを特定できます。また、メタプログラムを用いたプロファイリングを行うことが特にコーチングで役立つ理由は、相手が大切にしていることや何を優先しているのかに、メタプログラムが直接関わっているからです。

これらのフィルターは、他者や世の中と相互交流する上で、あなたのコミュニ

ケーションスタイルやコミュニケーションの好みを形成します。クライアントの
メタプログラムを知っておくことで、彼らの行動上の特徴や動機付けのパターン
をプロファイリングすることができ、コーチングのプロセスを相手の個性に合わ
せることで最大限の効果を発揮できます。

　ここで説明するメタプログラムとは、リチャード・バンドラーとレスリー・キャ
メロン・バンドラーが開発したものに加え、ロジャー・ベイリーによって開発さ
れたLABプロファイルの考え方も含みます。LABプロファイルの詳しい説明は、
シェリー・ローズ・シャーベイによる名著『「影響言語」で人を動かす』（実務教
育出版、2021年）をご参照ください。また、オランダのナイメーヘンに拠点を
置くThe Institute for Eclectic Psychologyのヤープ・ホランダーによって開発
された、メタプログラムのオンラインツール『Mindsonar』も素晴らしいリソー
スとなります。

　メタプログラムのパターンは、すべてコンテクスト（状況／背景）によって異
なると覚えておいてください。コンテクストによって、同じ人でもパターンが多
少異なります。言い換えれば、仕事におけるメタプログラムと、人間関係におい
て発動しているメタプログラムとでは、パターンが異なる可能性があります。そ
のため、プロファイリングの質問に答える時には1つのコンテクストに限定して
答えることが大切です。

メタプログラムを用いる理由

・相手の思考スタイルを見極める
・他者が何によって動機付けられるのかを知る
・コミュニケーションをクライアントの情報処理スタイルに合わせる
・コーチングの課題を効果的に出し、クライアントの行動がゴールへ向かってい
　くように促す

メタプログラムがもたらすもの

・クライアントの思考スタイルや動機付けの特徴への理解
・クライアントがより効果的にコミュニケーションできる方法を特定すると同時に、コーチであるあなたのコミュニケーションを、個々のクライアントがどのように世界を体験しているのかに合わせることで、より効果的なものとする
・特定のコンテクストにおいて、クライアントがどのような行動を取るのかを正確に予測できる能力
・クライアントのモチベーションを上げる、または下げるものを特定する正確な方法

メタプログラム・プロファイリングの使い方

　メタプログラムを用いたプロファイリングは、インテーク・セッションで行うことができます。クライアントを理解し、カスタマイズされたコーチングサービスを提供するツールとして役立つことを説明しましょう。プロファイリングのための質問は、コーチングのプロセスを通していつでも使えるものであり、インテークで話題に上がったコンテクストとは異なるコンテクストの情報を集めたい時などにも役立ちます。例えば、インテークで話に出たコンテクストが仕事だった場合でも、コーチングを続ける中で後になって職場の同僚との人間関係や、私生活でのパートナーの話が出た時には、それを異なるコンテクストとして扱い、新たにプロファイリングの質問をしていきます。

パート1：メタプログラム・プロファイリング

　まず、相手のメタプログラムを特定するための典型的な手順を紹介します。その後、それぞれのプロファイリング項目を具体的に説明していきます。本書付録（200ページ）に、プロファイリング用のシートを載せています。

メタプログラム・プロファイリングのための 7 つの手順

1. どのコンテクストのプロファイリングをするのかを決める。例えば、仕事／キャリア、同僚との人間関係、友人関係、配偶者との関係など。プロファイリングの質問には、インタビューを通してクライアントが特定のコンテクストに意識を集中し続けられるように、コンテクストを参照する言葉を入れる必要があります。

2. 付録のシートに書かれている通りの正確な言葉を使って質問します。唯一加えてもよい変更は、質問を特定のコンテクストに合わせるための言葉に変える時だけです。ここで使われている質問は、特定の反応を引き出すために注意深くデザインされたものです。言い回しを変えてしまうと、反応の質が損なわれ、正しくない情報を捉えてしまう場合があります。

3. クライアントの回答を注意深く聞きます。一部の項目では、回答の内容だけでなく、回答の構造を聞き取る必要があります。つまり、実際に使われている言葉の種類やその意味合いだけでなく、相手がどのように反応するのか（非言語パターン、声のトーンなど）、そして回答する際の言葉の順序に注意しながら聞いていくということです。

4. 一部の項目には、相手の反応をチェックリストで記録するものがあります。クライアントの反応に基づき、チェックリストを使いながら、相手のパターンを判断していきます。

5. また一部の項目には、クライアントが使ったキーワードや言い回しを文字通り記録するものもあります。クライアントが使った言葉をそのまま正確に記録することが重要であり、同意語や代替の言葉に置き換えてはいけません。

6. メタプログラムとは、その人の特徴の「程度」なのだと覚えておきましょう。特定のパターンにおいて、どちらか一方の特徴しか持たないという人はいま

せんが、ほとんどの人が、程度の差こそあれ、どちらか一方に偏っています。メタプログラムは、人をカテゴリー別に分けるものでも、レッテルを貼るものでもありません。このプロファイリングは、相手の無意識の原動力と好みを予測することを可能とします。

7. 練習を重ねることで、通常の会話を通じて相手をプロファイリングできるようになります。そして、どのような環境や仕事、人間関係などが、クライアントを成功に導く最大のチャンスとなるのかを非常に正確に予測できるようになります。

パート2：パターンの説明

付録1（200ページ）のシンプルなプロファイリング・シートを見てください。人は皆、どのパターンでも使うことができますが、特定のコンテクストにおいては、好みのパターンやメタプログラム・セットを作り出す傾向があることを覚えておきましょう。

クライテリア（価値基準）

クライテリアとは、人（クライアント）がある特定の状況において大切だと思っているものを描写するために使う言葉です。これらの言葉はクライアントにとって重要な意味があるものであり、強い感情的な反応を引き出します。クライアントの言葉をそのまま使うことが極めて重要です。こうした言葉はクライアントの体験と深くつながっていますが、同意語はそうとは限りません。クライテリアの言葉は、5〜6個ほど引き出しておくと便利です。中には、クライアントにとって非常に重要なものも含まれているでしょう。

例えばあるクライアントは、「トップ・ペイ（top pay ＝最高額の給料）」という言葉を、仕事における重要なクライテリアとして持っていました。彼とのコミュニケーションの中でこの「トップ・ペイ」という言葉が出ると、彼の顔は輝き、

注意力が上がります。一方で、同じような意味でも「good money（良い給料）」「high commission（高い給料）」「large remuneration（巨額の報酬）」などの言葉を使うと、彼の警戒心を煽る結果となりました。

クライテリアの言葉を引き出す質問

1. あなたは○○（仕事、業務、コーチセッションなど）に何を求めますか？

2. あなたにとって、○○で大切なことは何ですか？

3. あなたにとって○○はどのように価値あるものですか？

　クライアントが質問に答えたら、クライアントが使ったクライテリアの言葉を書き留めます。彼らが使った言葉を文字通り相手に返してみると、どのようにポジティブな反応をするのかに気づきましょう。

エビデンス

　人は、自分のクライテリアが満たされているかどうかを判断するために、特定の方法を使っています。例えば、仕事というコンテクストにおけるクライテリアの言葉が「やりがい」だった場合、その人は「やりがいがある」と自分が思えた具体的な体験を探し出そうとするでしょう。また、同じ「やりがい」を大切に思っている人が2人いても、やりがいを感じられるかどうかの基準は、それぞれに大きく異なるかもしれません。例えば1人は、新たなプロセスを開発する必要のある仕事を「やりがいがある」と感じるかもしれませんし、もう1人は難しい交渉が関わる仕事を「やりがいがある」と感じるかもしれません。

クライテリアの基準を明確にするための質問

1. 【クライアントのクライテリア】が満たされているとどのようにして分かりますか？

2. 【クライアントのクライテリア】が満たされるには、何が起こる必要があり
   ますか？

   クライアントの答えを書き留めておけば、クライアントがやる気や興味を持つ
ために必要なことが分かり始めます。これはコーチにとって大いに価値がありま
す。例えば、クライアントがコーチのあなたからの「サポートが欲しい」と言っ
た場合、サポートされているかどうかを計る基準が、「行動がうまくいったら、
それに対するポジティブなコメントがもらえる」と「常にゴールに意識を向けさ
せてくれる」だとします。これを知っておけば、あなたはクライアントが必要と
しているやり方や、それが満たされていると感じられるやり方でサポートを提供
できるようになります。

行動を起こすための動機付け

   あなたは、手に入れたいゴールに向かっていくことでやる気が起こりますか、
それとも潜在的なネガティブな結果を避けることでやる気が起こりますか、ある
いはその両方の組み合わせですか？

・**目的志向型**：成し遂げたい、あるいは手に入れたいゴールがあるとやる気が出
　ます。問題に気づくことは苦手です。優先順位を管理することが得意です

・**問題回避型**：起こりうる問題や、現在起こっている問題に意識が向きます。問
　題を解決しようと思う時にやる気が出ますが、達成したいことに焦点を当て続
　けることは苦手です

動機付けを判断する質問

1. 【クライアントのクライテリア】があることで、あなたに何がもたらされま
   すか？

２．【クライアントのクライテリア】について大切なことは何ですか？

３．あなたにどのような利点がありますか？

　目的志向であることを示す回答の例：ゴール達成、手に入れる、持つ、得る、成し遂げる、報酬

　問題回避であることを示す回答の例：避ける、関わらない、持たない、取り除く、排除する、離れる

　両方が混ざっている反応の場合は、どちらの言葉も聞こえてきます。クライアントをやる気にさせようとする時は、相手の目的志向型と問題回避型のバランスに合わせて言葉を活用しましょう。

決断の判断基準

「誰が決めるのか：自分またはほかの誰か？」

・**内的基準型**：そのコンテクストにおいて、あなたは自発的です。他者の意見や指示を受け入れることが難しいと感じる場合があります。「自分が誰よりも分かっている」と思えるからです。フィードバックを受けた場合、相手に質問を返すかもしれません。あなたは情報を集め、自分でその有用性を判断します。何かがうまくできたかどうかは、自分の中の確信によって判断します。自分が取るべき正しい行動について、強い信念を持っています。指示をうまく受け入れられない時があるため、扱いが難しい部下だと捉えられる場合があります

・**外的基準型**：自分がうまくやれているのか、何をすべきなのかを知るために、他者の考え、意見、フィードバックが欲しいと感じ、実際に必要とします。最

善の行動を取るための明確な基準が自分の中にありません。外部からのフィードバックがないと、道を失ったように感じる場合があります。提案を命令として受け取る傾向があります

質問

「よい仕事ができたと、どのようにして分かりますか？」

内的基準の人は、仕事がきちんと実行されたことを確認したと答えるでしょう。「これで良いと感じる」「私にはわかる」などの言い方をします。

外的基準の人は、他者からのフィードバックなどについて話すでしょう。

内的・外的のどちらの面も持っている人は、自分の認識と外部からのフィードバックのどちらも言及します。

理解とラポールのために用いる適切な言葉

・**内的基準型**：「あなたはどう思いますか？　決められるのはあなただけです」「〜を検討してください」「あなた次第です」「これが情報です。あなたが判断してください」

・**外的基準型**：「皆が知っています」「役立つ意見を得られるでしょう」「これは高く評価されている情報です」「〜によって承認されています」「専門家が言うには〜」

プロセス型／オプション型

何かを行うために、新しいやり方を作り出したいですか、それとも確立された

手順に従う方が良いですか？

・**プロセス型**：プロセス型の人は、従うべきルールや手順があることを好みます。多くの状況において、物事には「正しいやり方」があると信じています。従うべき手順がないと、どこから始めて良いのか分かりません。何をすれば良いのかが分からず、もたついてしまうかもしれません。「プロセス型の人」は、独自の方法に投じるよりも、既存のレシピに従います

・**オプション型**：オプション型のメタプログラムを持つ人は、新しい方法を開発したくなります。あなたには、どのような状況も解決に向けた新しい方法を開発する機会だと感じられます。物事を「どのように」行うのかではなく、「何をすべきなのか」を考えることでやる気が出ます。他者が従うための手順を作り出すことは得意ですが、自分自身がその手順に従うことは苦手な場合があり、ルールを破ったりします。例えば、説明書に従って何かを組み立てることはせず、独自のやり方でやろうとします

質問

「どうして今の（コンテクスト：例えば仕事）を選んだのですか？」

　オプション型の人はクライテリアを答えるでしょう。プロセス型の人はその仕事に就いた経緯を話してくれます。両方が混在する人は、クライテリアと経緯のどちらも話してくれるでしょう。

理解とラポールのために用いる適切な言葉

　プロセス型のクライアントには順序立てて話すようにします。「まずはこれをして、次に〜」「手順としては〜」など、クライアントが実行できる手順を伝えます。例えば次の2文の違いに注目してみましょう。「フィリスに電話して情報をもらってください」に対し、プロセス型に響く伝え方は「すぐに携帯電話から

(555) 5555-5555 に電話をかけて、今すぐに無料特典を受け取る方法をフィリス に聞いてください」となります。物事の「正しいやり方」について伝えましょう。

オプション型のクライアントには、「どのようなやり方が必要か」ではなく「ど のような成果が必要か」について話します。可能性や新たな方法など、代替案を 提案しましょう。

変化・相違対応

・**同一性重視型**：あなたは、何が同じなのか、類似点に注目する傾向があります。 あなたのタイムラインは非常に長く、変化を嫌います

・**進展重視型**：あなたは、何が同じなのかに注目し、次に例外を見つけます。約 7年ごとに大きな変化を必要とします

・**相違重視型**：あなたは、何が異なるのかに注目します。他者の意見にミスマッ チする傾向があります。頻繁に変化を必要とし、特定の状況において1～2年 ごとに大きな変化を起こします。例えば仕事においては、勤務先を変えたり、 異なるプロジェクトに加わったり、新たな責任を引き受けたりするかもしれま せん。結婚生活においては、一緒に旅行したり、新しい家に引っ越したり、子 どもをもうけたりするのが大きな変化となります

質問

「今年の（コンテクスト）と去年の（コンテクスト）の関係は、どのようなもの ですか？」

例：「今年の仕事と去年の仕事の関係は、どのようなものですか？」

同一性重視型のクライアントは、「同じです」と答えます。

進展重視型のクライアントは、「基本的には同じですが、仕事の時間が増えています」あるいは「今年は良い状態になっています。上司のことも、もっと好きだと思えるようになりました」などと述べるでしょう。「もっと」「より良く」「改善」「より少ない」「ただし」などの言葉を聞き取るようにしましょう。

相違重視型のクライアントは、「異なっている」または「以前とはまったく違う」など、違いを表現する言葉を述べます。

確信

確信を得るための内的処理を始めるにあたり、人はどのような証拠を集める必要があるでしょうか。これには「チャンネル（経路）」と「モード（様式）」の2つの部分があります。

知覚チャンネル

・**視覚型**：あなたが確信を得るためには、相手の振る舞いや行動、または製品など、目に見える証拠を必要とします（あるいは、図解や写真など、それを表しているものを見る必要があります）

・**読解型**：あなたは、何かが書面になっていることで確信を得ます。読むことで納得します

・**聴覚型**：あなたは、何かについて口頭で説明される、または人がそれについて話しているのを聞くことで確信を得ます

・**体感覚型**：あなたは、実際に何かを実行する、または他者と一緒に行動するこ

とで確信を得ます

質問

人が良い仕事をしていると、どのようにして分かりますか?

回答は、「それを見た、それについて聞いた、または読んだ、試してみた」の
いずれかとなります。

理解とラポールのために用いる適切な言葉

彼らの言語パターンと、彼らが答える際に使う知覚チャンネルにマッチングす
る(合わせる)ことで、相手の反応に合わせます。

納得モード

・**回数重視型**:何かを納得したり、学んだりするためには、行動、サービス、ス
キル、または製品などを、ある一定回数目撃または体験する必要があります

・**直感重視型**:あなたは、わずかな情報から結論を推測します。結論に飛びつい
たり、疑わしい点を好意的に解釈したりする場合があります。一度心を決めた
ら、なかなか変えることはありません

・**疑心型**:あなたは、毎回改めて物事を評価する必要があります。あなたが完全
に納得することはありません

・**期間重視型**:あなたは何かを確信する前に、時間をかけて情報を集める必要が
あります

行動の主体性

　その人はイニシアティブをとりますか、それともほかの人たちが動くのを待ちますか？　ほかのパターンと同様に、これもコンテクストによって変わる場合があります。馴染みのある状況では主体的でも、どう行動すればいいのかが分からない状況や、安全性が不明瞭な場合には受動的になるかもしれません。

　例えば、ある人見知りのクライアントは、知り合いに囲まれて、自分は好かれていると分かっている状況では主体的でした。しかし知らない人たちと関わる状況では、周囲が自分を受け入れてくれていると感じられるまで、受動的に振る舞いました。そして徐々に主体的になっていきます。

・**主体・行動型**：あなたはイニシアティブを取ります。極端に言えば、ほとんど、またはまったく計画も立てずに「突き進む」ことがあります。行動を起こすことでモチベーションが上がり、待たなければならない場合はモチベーションが下がります

理解とラポールのために用いる適切な言葉

「やる」「〜に向かって進む」「実現する」「今すぐ」「終わらせる」「〜を待たず」

・**反映・分析型**：あなたは、先へ進む前にほかの人が行動を起こすのを待ったり、情報を集めたりします。機が熟すのを待ち、状況を分析することに意欲的で、壊れていないものを修理しようとは思いません。仕事においては、自分から行動しなければならない状況よりも、他者のニーズを満たしたり、他者のリクエストに受動的に応えたりする環境の中で良い結果を出します

理解とラポールのために用いる適切な言葉

　価値を計る、理解する、〜について考える、待つ、調べる、熟考する、〜かもしれない、あり得る、〜だろう、評価する

　このパターンを聞き取るための特定の質問はありません。クライアントが使う言語に耳を傾けてください。主体・行動型の人は「やってみる」や「行動あるのみ」などといった言葉を使います。また彼らは、明確な主語と具体的な行動を、能動的かつダイレクトに言います。例えば、「私がスタッフを動かした」「私がレポートを書きます」など。

　反映・分析型の人は「待って、まず確認しよう」「考えてみよう」「検討しよう」といった言葉を使います。反映・分析型の言語パターンでは受動態が多く使われ、例えば「全スタッフがよくまとめられていた」などのように、行動の主体者が省略されたりします。あるいは、「そのレポートに何が書かれる可能性があるのかを考えてみます」などのように、主語と動詞の間に多くの言葉が入ったりします。

全体型／詳細型

　その人は、全体像と詳細のどちらに注意を向けやすいのか？　言い換えれば、文字通り木と森のどちらに注目するでしょう？

・**全体型（全体像に意識が向く）**：あなたは概念的に考え、物事の全体像を見る傾向があります。概論や大略的な発言が多く、物事を短く要約し、少ない言葉数で伝えることが多いでしょう。長時間に渡って大量の詳細な情報を取り扱ったり聞いたりすることを強いられると、イライラします

・**詳細型（詳細に意識が向く）**：あなたは、小さなチャンク（かたまり）の情報

を上手に取り扱いますが、要約したり大きな視点から物事を見たりすることを苦手とする場合があります。また、順序立てて直線的に考えたり説明したりする傾向があります。相手にたくさんの情報や詳細を伝え、相手からも詳細な説明を求めます。詳細に対処しなければならない状況において能力を発揮します。話している時に多くの情報を相手に与えます

質問

あなたが心から楽しいと思った仕事の体験について教えてください。

情報量が少なく、大まかな概要を伝えてくるようであれば、全体型の可能性が高く、たくさんの情報を伝えてくるクライアントは詳細型である可能性が高いと言えます。

理解とラポールのために用いる適切な言葉

全体像に意識が向く人（全体型）には、「重要なことは」「一般的には」「要するに」「全体像として」など、要約や一般化を表す言葉を使い、ビジョンやゴール、要約などを話し、大まかな情報を提供します。

詳細に意識が向く人（詳細型）には、「まさに」「正確に」「特に」「具体的に」など、詳細な情報を表す言葉を使い、何らかの話題や主題を表現、説明、あるいは支持する具体的な情報を多く提供します。

関係性

あなたは、他者の非言語の行動に自然に意識が向きますか、または自分の内的体験に意識が向きますか？

このパターンを特定する具体的な質問はありません。クライアントの非言語行動を観察することで特定することができます。

・**内向型**：あなたには感情を見せない傾向があり、感情の起伏も少ないでしょう。他者よりも、自分自身や自分のニーズに気づきやすい傾向があります。相手が非言語で送ってくるシグナルよりも、発せられた言葉そのものに注意が向くため、相手が送っているメッセージを見逃す場合があります。人とのコミュニケーションはあまり得意ではないかもしれません

理解とラポールのために用いる適切な言葉

　内容に焦点を当てたコミュニケーションを心がけ、相手のクライテリアに合わせるようにしましょう。

・**外向型**：相手のコミュニケーションや行動に即座に反応し、声のトーンの変化やボディーランゲージに気づくことが得意です。他者の言動に反応しなければならないという意識が強く、人より表情が豊かです

理解とラポールのために用いる適切な言葉

　相手の情緒にマッチングする、または受け止めることで、より深いラポールを築きましょう。

時間参照

　その人は過去、現在、未来のどの時間参照をよく使いますか？

・**過去重視**：過去に意識を向けることが多く、過去の体験を容易に思い出すことができます。変化に対応することは苦手で、計画を立てることも得意ではあ

りません。新しいアイディアや提案に対し批判的だと思われる場合があります
（例：「それは 5 年前に試したけれど、うまくいかなかった」）

・**現在重視**：現在に意識が向いていて、自分の感情をはっきりと感じることがで
きます。「今この瞬間」に集中していることが多く、その時に行っていること
に夢中になる傾向があります。極端なケースでは、その瞬間に没頭し過ぎて過
去や未来を考慮に入れないことがあります

・**未来重視**：未来を計画することが得意です。極端なケースでは、現在起きてい
ることに気づかなかったり、過去の失敗から学んだりできない傾向があります

理解とラポールのために用いる適切な言葉

相手と同じ時間の参照枠を使いましょう。

連携

その人はどのような環境で最も生産的になるでしょうか。1 人で仕事をしてい
る時か、周囲に人がいる時か、あるいは責任を共有している時でしょうか？

・**個人型**：あなたは 1 人で仕事をし、自分の仕事の結果に対して責任を負うこと
を好みます。他者と一緒に何かを決めたり、チームの一員として仕事をしなけ
ればならない時、仕事の質が損なわれる場合があります

・**近接型**：あなたは、プロジェクトに対して自分が責任を負うことを好みますが、
他者も参加していたり、周囲に人がいる、つまり「近接」している環境を好
みます。チームの一員として責任を共有しなければならない、または、すべて
を 1 人で行わなければならない時は生産性が下がります。プロジェクトマネー
ジャーに向いています

・**チーム型**：あなたはチームの一員となり、ほかの人たちと責任を共有することを好みます。1人で作業をしなければならない時は、期日に上手に対応できない場合があります。マネージャーの場合、部下たちと共に物事にあたることを好みます

質問

　（クライテリア）を感じた体験と、それのどこが好きだったかを教えてください。クライアントが、自分が行ったことのみを話すのか、自分とほかの人たちについて話すのか（「私は直属の部下が新しいゴールを設定する手伝いをした」）、あるいは「私たち」や「我々」について話すのかに耳を傾けます。

理解とラポールのために用いる適切な言葉

・**個人型のクライアント**：「あなたが自分で行う」「ご自身で」「あなたの責任で」「単独での仕事」「誰もあなたの邪魔をしないので、あなた1人で」

・**近接型のクライアント**：「ほかの人たちと一緒に働きますが、最終的な責任はあなたが持ちます」「あなたが責任者です」「あなたがリーダーです」

・**チーム型のクライアント**：「私たち」「一緒に」「チームワーク」「責任の共有」「さあ～しよう」

メタプログラムのケーススタディ

　レベッカはある大企業の人事研修部門で働いていました。人事部門のスタッフは、マネージャーや従業員に限定的なコーチングサービスを提供していますが、彼女の担当するクライアントは中間管理職のエリックでした。しかしコーチングはあまり捗っておらず、彼女はエリックについて何か重要なことを見落としているような気がしていました。レベッカがメタプログラムのプロファイリング・ツー

ルを知ったのは、ちょうどそのような時でした。そのツールを学び、エリックへのコーチングに使っていこうと彼女は思いました。

レベッカはすぐに、自分のコーチングスタイルが３つの点でエリックに合っていなかったことを発見しました。

１つ目の点は、エリックが非常に高いオプション型であるのに対し、レベッカはプロセス型だったということです。そのため、エリックに具体的な手順についての質問を繰り返し尋ねても、彼が答えを「避ける」ように思われたのです。彼は避けていたのではなく、ただそのように考えていなかっただけということにレベッカは気づきました。その証拠に、彼女がオプション型の言葉を使い始めるとすぐ、エリックが以前とは違った前向きな反応を見せるようになったのです。

２つ目の点は、エリックの仕事のスタイルが「チーム型」であり、ほかの人たちと一緒に作業をする必要があるということでした。この点を見逃していたため、レベッカが課題を出してもエリックが完了しないことがありました。振り返ってみると、彼女が出した課題はどれも、自分を見つめ直すための、内省的な、単独で行えるような演習ばかりだったのです。そこで彼女は、他者との関わり合いが必要な課題に切り替えてみました。するとエリックは、以前よりも課題を楽しむようになり、完了させる確率が上がっていったのです。

３つ目に、エリックは外部の判断基準があるとやる気が出るということ、そしてレベッカをはじめとする周囲の人たちを喜ばせようとしていたことが分かりました。このことが、コーチングのプロセスにおいてどのように問題になっていたのかをレベッカは理解しました。エリックが答えを求めている時でも、それを与えることはしなかったのです。そこでレベッカは課題の方向性を変え、メンターを探すこと、問題に取り組む助けとなるような本を読み、外部の専門家に頼ることなどを提案しました。

ほかにも、エリックへのコーチングをさらに効果的に進めるためのパターンを、

レベッカはいくつも見つけることができました。例えば、彼のモチベーションを理解し、問題に対してコーチングを行うためのパワフルなツールとして、彼のクライテリアや証拠に合わせることが非常に効果的だと気づきました。さらに、全体型から詳細型へと移行していく彼のパターンに合わせてコーチングトピックを順序立てることで、プロセス全体がスムーズに進むことが分かりました。

　自分のパターンではなく、エリックのパターンに合わせた方法に切り替えた途端に、コーチングは勢いづき、コーチとしてのレベッカの自信も効率も高まり、エリックに対するコーチングの成果も飛躍していきました。

第 **3** 章

コーチング入門：基礎

コミュニケーション・ブロッカー

コミュニケーション・ブロッカーとは

　コミュニケーション・ブロッカーとは、円滑なコミュニケーションを遮ってしまうような受け答えのことを指します。相手の役に立ちたいという意図による発言かもしれませんが、良い結果を生むことは少なく、むしろコミュニケーションを台無しにすることがあります。

なぜこれを知っておくことが重要なのか？

　コミュニケーションにおいてこうした間違いが起こることや、その詳細について知っておけば、コミュニケーションをブロックしてしまうものに注意を払い、避けることができるようになります。

コミュニケーション・ブロッカーにどう気づくのか

　ここでのゴールは、問題のある状態に対して敏感になることです。誰もが時にはコミュニケーションにおける間違いを犯す可能性があります。その１つがコミュニケーション・ブロッカーと呼ばれる特定の受け答えであり、トーマス・ゴードン博士（『リーダー訓練法：リーダーシップづくり』〔サイマル出版会、1985年〕の開発者）によって、以下のようないくつかの種類に分類されています。
例えばあなたがクライアントだとして、コーチが次のように反応してきたら、どう感じるでしょうか。

・解決策の押し付け：「問題を解決するためには、こうすべきです」
・命令：「少し話すのをやめて、私の意見を聞きなさい」
・警告：「もう一度セッションを欠席したら、あなたのコーチを辞めますよ」

- 説教：「自分自身に、もっと優しくなるべきです。自分や他者に批判的になるのは、あまり役に立ちませんよ」
- 講義：「研究によると、コーチングの内容でよく分からない状態は、新しいことを学ぶには有益なのです」
- アドバイス：「そのもめている相手と、直接話してみるのはいかがですか？オープンに打ち明けることで、気が楽になりますよ」
- 判断：「あなたがしようとしていることは、良い考えだとは思いません」
- 非難：「今抱えている問題は、誰の責任でもなくあなた自身の責任ですよね？」
- 中傷：「私も、あなたの上司は救いようのないバカだと思います」
- 分析：「かなり明確に説明したのは確かです。あなたのリスニングスキルを改善していく必要があるみたいですね」
- 否定：「上司はあなたに怒っているわけではありません。ただ単に、そう見えてしまうだけです」
- 誉める：「理解しようと頑張っていて素晴らしいですね。やってみるということとは大切なことです」
- 慰め：「かわいそうに。でも踏ん張ってください。人生を縛り付けるものは時間が経つにつれて緩くなりますから」
- 気を散らす：「問題から少し距離を置くことができるよう、話題を変えましょうか」
- 尋問：「それが起きた時、あなたは何をしていたのですか？」「なぜ他のスタッフが関与していないのですか？」「あなたのアシスタントは何をしていたのですか？」
- クライアントの判断を疑う：「その従業員といつも問題があるのですか？」「彼とコミュニケーションをとるために何かほかにできたことはありますか？」「彼に理解してもらうためにあらゆる方法を試しましたか？」「彼は、あなたが知らない個人的な問題を抱えていませんか？」

　こうしたコミュニケーション・ブロッカーをつい癖で使っているかもしれないことを認識して避けることは、コーチにとって有益です。どの反応の仕方もコーチングには適していません。本来、クライアントの最高の状態を引き出すことが

目的のコーチングにおいて、逆にクライアントの心を閉ざす結果となる可能性の方が高くなります。

コーチングと非言語コミュニケーション

非言語のコミュニケーションを用いる理由

　非言語のコミュニケーションを使うことで、コミュニケーション能力は劇的に向上します。そしてあなた自身の内的体験をより意識的にコントロールできるようになります。

非言語コミュニケーションとは？

　私たちは常にシステムの一部です。あなた自身もたくさんのシステムによりできています。循環システム（循環器系）、消化システム（消化器系）、筋骨格システム（筋骨格系）、神経システム（神経系）などです。これらのシステムのどれかが影響を受けると、ほかのすべてのシステム同士の関係性も変化します。例えば身体の姿勢を少し変えるだけで、物の見え方、聞こえ方、そして他者に与える印象も変わります。

非言語を変えるには

　非言語のコミュニケーションは、コミュニケーション全体に大きな影響を与えます。これを理解するために、以下の実験をしてみましょう。

非言語のエクササイズ

1. 椅子に座った状態で、お尻を後ろに引いて背中の低い部分まで椅子の背につくように、背筋を伸ばして姿勢良く座ります。そのまま少し前のめりになって、誰かと会話をしていると想像します。自分のステート（内的状態）に気づきましょう。今度はお尻を 15 センチほど前にずらし、椅子の背もたれに背中の上部を預けるように、もたれかかった状態で座ります。ステートはどのように変化するでしょうか。この２つの座り方を交互に行ってみて、視野にどのような変化が起こるのか、意識がどのように変わるのかに注意してみましょう。

2. 前のめりの時は、集中した状態や相手とのつながりを感じやすく、後ろにもたれている時は、客観的で全体像がよく見える状態になります。視野にもどのような変化が起こるのかに気づいてみましょう。

3. 次は、立ち姿勢での実験です。腰幅くらいに両足を開いて立ち、まずはこの時の視野に意識を向けます。次に、つま先を外側に開き、かかとを近づけて足を V 字に開いて立ちます。視野にどのような変化が起こるのかに気づきましょう。次に両足のつま先をまっすぐ前に向け（線路のように平行に）、もう一度視野の変化に気づきます。

4. 次は歩いてみましょう。まずは足先をまっすぐ前に向けた状態で歩き、次に足先を開いた状態で歩いてみます。まっすぐな時と開いている時とでは、気持ちの持ち方や注意の向く方向に違いがあることを感じてみましょう。この実験でも多くの人が違いを感じます。足先がまっすぐ前に向いている時は、目的意識の高い状態に入っている可能性があります。開いている時は歩く速度が落ち、周りの景色などに目が行ったり、くつろいだ気分を感じていたりするでしょう。

こうした違いがコーチングに与える影響を考えてみましょう。あなたが姿勢を

変えるだけで、クライアントとのつながりが強くなり、クライアントを理解する能力が高まり、コミュニケーションに大きな違いが生まれます。どの姿勢や歩き方が良い悪いということではありません。ただ単に、それぞれが異なる結果を生み出すということを心に留めておきましょう。

システミック・コミュニケーション

2人の人間がコミュニケーションをする時に作り出されるシステムにおいて、身体の姿勢のわずかな変化が両者のコミュニケーションやつながりに大きな変化を生み出すことが分かりました。姿勢のほかにも大きな違いを生み出す要素が数多くあります。その1つを以下に紹介しましょう。一緒に試せる仲間を見つけて、実際に体験してみてください。結果を単に想像するだけでは、実際に体験した時と同じ発見を得ることはできません。

コミュニケーションのエクササイズ

2人組になり、それぞれが下記の役割を担います。
・役割1　仕事に遅刻する従業員
・役割2　遅刻を注意（フィードバック）する上司
従業員役の人は上司役からの指摘に反応する必要はありませんが、それぞれのフィードバックがどのように感じられるのかに気づきましょう。

・第1ラウンド：上司は、顔と顔を合わせて従業員にフィードバックを与える

この形でフィードバックが与えられた時、上司がどのようにフィードバックを伝えるのか、そして従業員がどのようにそれを受け取るのかに気づきましょう。さらに、上司と従業員の距離や、上司の足の角度（つま先がまっすぐ、または開いている）を変えて実験してみましょう。

　大半の西洋文化では、腕一本分程度の距離を開け、顔と顔を合わせた形でコミュニケーションします。まずは、腕一本分ほど離れた場所からのフィードバックを試してみましょう。

　また上司は、少し足を広げてフィードバックを与えたり、両足のつま先をまっすぐ前に向けてフィードバックを与えたりしてみましょう。それぞれのパターンにおける従業員の受け取り方と、上司としてどのように感じるかを意識します。次に、2人の距離を40センチ程度に近づけてフィードバックします。このパターンでも互いの感じ方、声のトーンや言葉の選択、その他の行動に起こる変化に気づきましょう。

　今度は、2人の距離を2メートル程離してみます。この距離でフィードバックを伝え、両者共にどのような違いが起こるのかに気づきます。

・第2ラウンド：上司は、従業員の横に立ってフィードバックを伝える

　相手と45度くらいの角度で立ち、仕事に遅刻してくることについてフィードバックを伝えます。上司と従業員の「アナログ」の変化に気づきましょう（例えば声のトーンや話す速度、ボディーランゲージ、筋肉の張り具合など、話している言語的な内容を除き、コミュニケーションの中で自然と起こるすべての非言語の変化やシグナルなどに意識を向けます）。次に、相手との距離を探究してみましょう。対面で立っていた時と、横に立っている時では、距離が近づいた時にどのような違いに気づきますか？　お互いの関係性に、どのような変化が起こりますか？　さらに、横に立っている時は距離が離れても、相手とのつながりが保てることに気づきましょう。次は、相手に触れるということを足してみましょう。行きたい方向を塞いでいる人に「ちょっとすみません」と言いながら、相手に少し身体を近づけて、軽く相手に触れる時のように、優しく一瞬、腕に触れます。触れることで、あなたのアナログがどのように変化するかに注意を向けます。そして従業員がどのように反応するかも意識します。昔、正直さに関する調査が行われ、人は適切に触れられると正直さが増す傾向があるという結果が出ました。もちろん、触れられることで人が正直になるわけではありません。触れることで

異なる関係性が生み出されるのです。この上司と従業員の実験では、上司役の人の声色や顔つきが柔らかくなることに気づきましょう。

体に触れることに関する注意

　私たちは相手の体に触れることを推奨しているわけではありません。特に職場においては、触れるということは非常にデリケートな問題になり得ます。適切に、かつ敬意を持って行われるべきです。人によっては、いかなる接触も禁止の場合があります。文化によっては、男性と未婚女性の接触が完全に禁止されている場合もあります。こうしたタブーは必ず尊重してください。このエクササイズでは、事前に相手の体に触れてもよいかを確認してください。

　最後に、相手の左側からフィードバックを伝えてみましょう。次に右側から伝えてみます。反応の違いに気づきましょう。さらに、上司としての自分の感情にも注意を向けてみましょう。また、おそらく従業員役の人は、左と右では異なる反応をしているように見えるかもしれません。

　左右で異なる反応が見られることを私たち（ティム・ハルボム、スージー・スミス、もう１人のコーチとNLPトレーナー）が発見した時、はじめは利き手に関係しているのか、または優位な側があるのだと思いました。しかし調査を進める中で分かってきたのは、全体の約半数の人が右側からのフィードバックを好み、半数が左側を好むことでした。この左右の好みは、実はセルフトーク（内部対話）と関係していたのです。

　大半の人は、成長していく中でインストールされる心の中の批判的な声を持っています。これは多くの場合、父親や母親などの「重要な他者」から取り込んでしまった「インストールされた声」と呼ばれるものです。この批判的な声が、左右どちらか一方から聞こえていることが多いと分かりました。そして私たちは、自分を批判している内部の声が聞こえている側から批判されることを好みません。

　このエクササイズを行うことの要点は、話し手と聞き手の位置関係が変わることで、2人の関係性がどれほど大きく変化するかに気づくことです。原則として、コーチはクライアントの横側にいなければなりません。気楽な非公式の会話の場合は真正面から話してもよいのですが、真剣なコーチングを行う時は、コーチが目立ち過ぎることなく、クライアントに思考を処理する空間を与えることができるように、肩を並べるような位置関係が最適です。日常生活でもこうした実験を重ねることで、パワフルなコミュニケーションスキルを学ぶことができます。

アクティブ・リスニングとバックトラッキング

アクティブ・リスニングとバックトラッキングとは

　有能なコーチとは、非常に優れた傾聴者でもあります。クライアントが話していることをフィードバックできる能力を発達させ、洗練させてくことは、重要な傾聴スキルの1つです。多くの人が知っている有名な「アクティブ・リスニング（積極的な傾聴）」は、話し手が言った内容を聴き手が言い換えて復唱する方法です。一方の「バックトラッキング」とは、特別な種類のアクティブ・リスニングであり、コーチがクライアントのキーワードをそのまま使いながら復唱する方法です。クライアント自身の言葉を使うことで、相手と同じ思考方法でコミュニケーションを取ることができます。

なぜバックトラッキングするのか

　バックトラッキングが役に立つ理由を次に挙げましょう。

・クライアントの発言内容とプロセスワード（視覚、聴覚、体感覚のどの知覚モードで考えているかが特定できる叙述語）に合わせることでラポールを築くことができる

- クライアントの発言が理解できているのかを確認できる
- 次に発言することを考える時間が作れる
- 聞いた内容の一部を復唱するため、傾聴者としての注意力を高めることができる
- きちんと聞いているという確証をクライアントに与えられる
- 話し手の一貫性が確認できる

　時に人は、復唱されて初めて自分が述べた望みや懸念が実際とは違うと気づく場合があります。さらに重要なのは、クライアントの身体が、一貫しているかどうかを自然と表してしまうため、どの程度のコミットメントを持っているのかが分かるということです。あなたがバックトラッキングしたキーワードに対して、クライアントが「全身のYES」を返してくるかどうかに注目しましょう。

　例えばクライアントが、「私はX（キーワード）したい」と言ったとします。コーチが、「あなたはX（同じキーワード）したいのですね」と返した時に、相手の一貫性を確認することができます。クライアントが断定するように頷いたり、明らかに肯定するようなサインを出したりした場合、本当にそれを望んでいることが分かります。逆にクライアントが躊躇したり、疑念を表したりしたら、さらに探求する価値があるかもしれません。

手順

　クライアントが言うことを注意深く聞いて、必ずクライアントのキーワード（述語）を使いながら復唱します。

バックトラッキングのエクササイズ

クライアント：XYZプロジェクトにおける自分の役割について心配しています
コーチ：あなたはXYZプロジェクトにおける自分の役割について心配しているのですね。具体的にどのような点が心配ですか？

> クライアント:支出関連の判断の権限が、自分にどのくらいあるのかがはっきり
> 　　　　　　　と分からないのです
> コーチ:支出関連の判断を下すご自身の権限の範囲をはっきりさせたいのです
> 　　　　ね?
> クライアント:そうです。後で上司が支持してくれない判断を下すのではないか
> 　　　　　　　と心配になり、本当に行き詰まってしまいます
> コーチ:分かりました。そのように行き詰まらないためにも、上司が支持してく
> 　　　　れる判断を下すための権限の範囲をはっきりさせるために、あなたに
> 　　　　は何ができますか?
> ……など。

知覚位置

知覚位置とは

　NLP においての知覚位置とは、物事を知覚し、捉えることができる「視点」という意味です。後述の通り、人は自分、相手、観察者(第三者)の3つの視点で物事を知覚することができると考えます。

　このように、クライアントが異なる知覚位置や考え方から物事を捉える方法を身につける手助けができることは、コーチングの重要な要素の1つです。職場や家族、それ以外の人々との関わりにおいて人間関係という動的要素を扱うコーチングを行う場合、特に、何らかの協力関係が求められる場合や対立が起きている場合、あるいは状況へのより深い理解が役に立つ場合には、このプロセスが非常に有用となります。3つの主な知覚位置を移動する能力を磨くことで洞察力を高め、すべての関係者に役立つ新たな選択肢を手に入れることができます。

３つの知覚位置：自分、相手、観察者

１. セルフ・ポジション（自分の視点）：セルフ・ポジションでは、一人称の代名詞「私」を使います。例えば、「私は朝起きて学校へ行きました」など。これは、自分の身体の中にいるという感覚を持つアソシエイトな（自分の目を通して見ている）ポジションであり、自分の体験を通して物事を見て、聞いて、自分の神経システムにつながっているような状態です。あなた自身の視点であり、当然のことながら、あなたのビリーフ（信念／思い込み）、姿勢、経験、限界、知識によって特徴づけられます。

２. アザー・ポジション（相手の視点）：アザー・ポジションでは、あたかも相手になったつもりで状況を捉えます。相手の目を通して状況を見て、相手の身体の状態、個人的な価値観、個人的な歴史（知っている範囲で）を取り入れます。「相手」のポジションに完全に入れば入るほど、より多くの情報を得ることができます。「もし私があなただったら、これについてどのように考えるだろう」と言っているようなものです。その人に「なりきって」、相手の視点から物事を捉えます。

３. オブザーバー・ポジション（観察者の視点）：オブザーバー・ポジションでは、中立的な第三者の視点から状況を捉え、状況に関わっているあなた自身と相手を外側から見ます。切り離されたディソシエイトな（外から自分を見ている）視点から、状況を客観的に捉える視点です。このポジションでは、三人称の代名詞「彼女は」「彼は」「彼らは」を使います（自分自身のことを話している場合でも）。セルフの視点から出て物事の全体像を考える時、状況を超越した、または状況を外から捉える「メタ・ポジション」に入るため、その状況に対する感情も意見も持たない中立的な観察者となります。

知覚位置のエクササイズ

　スカイダイビングに行くことを想像してみてください。あなたは地上にいて、飛行機が通り過ぎるのを見ながら、飛行機から飛び出す人々を観察しています。彼らはしばらく降下した後、パラシュートを開いてふわりふわりと地面に降りてきます。あなたとよく似た人が、パラシュートで降下してくる姿を見ていると想像しましょう。そしてどのように感じるかに気づきましょう。

　次は、自分が実際に飛行機に乗っていると想像しましょう。上空で飛行機の扉が開き、目の前には空が広がり、はるか下に地上が見えています。開いたドアから、激しい風が吹き込んでくるのが感じられます。あなたの前に並んでいた数人が、1人、また1人と開口部に近づき、飛び出したかと思うとパッと消えていきます。ついにあなたの番がやってきました。ハンドルを握り締め、3600メートルの上空から地面を見下ろします。エンジンの轟音が聞こえ、飛行機の振動が伝わってきます。そしてあなたはハンドルから手を離し、飛び出します。あなたはどんどんどんどん落ちていきます。荒々しいまでの急降下で顔が波打つほどの風を受けながら、地上が急速に近づいてきます。あなたは手を伸ばします。その動きに風の強い抵抗を感じながら、ひもを引きます。パラシュートが開き、身体に急激な強い引きを感じ、一瞬、降下が止まったかのような感覚の後、あなたはロープに吊られながら空中を漂い、地面が近づいて来ると共に、着地に向けて両足の準備を整えます。

　最初はオブザーバー（観察者）ポジションから、2つ目はセルフ（自分）ポジションからの描写です。あなたの体験は、2つの描写でどのように違いましたか？1つ目の描写ではあまり感情が起こらなかったでしょう。当事者（セルフ）ではなく、観察者の客観的な感情があっただけだと思います。

　人は様々な視点から出来事を記憶しています。この2〜3ヶ月間で体験したポジティブな出来事を思い出してみましょう。誰かと一緒に重要な仕事を完遂したことかもしれませんし、仕事での個人的な成功、あるいは友達と過ごした楽しい

夜かもしれません。あなたはその体験をどのように思い出していますか？　今、その体験をしているかのように、自分自身の目から見えた景色で思い出しているかもしれません。または、その景色の中にいる自分を外から見ているように思い出しているかもしれません。または、両方の視点を行ったり来たりしている場合もあるでしょう。

　次に、この2～3ヶ月で起きたネガティブな体験を思い出してみましょう。人生最悪の出来事は選ばないでくださいね！　例えば、誰かに失礼な態度をとられたとか、何かを失くしたなど、些細な出来事を選んでください。どのようにその体験を捉え、思い出しているでしょうか？　アソシエイトまたはディソシエイト、どちらの状態から見ているでしょうか？　ディソシエイトの状態からだと、「あの嫌な出来事は確かに起きたけれど、でももう過去のことだ」と思えるかもしれません。アソシエイトの状態から思い出している場合は、辛い感情をもう一度すべて体験し直しているかもしれません。

　あなたの周りにも、常にネガティブで機嫌が悪く、無愛想だったり、落ち込んだりしている人たちがいませんか？　彼らは、オブザーバー・ポジションからではなく、セルフ・ポジションからネガティブな体験を継続的に思い出しているのかもしれません。

　こうした視点があることに気づき始め、自分で視点を選択できると理解することは非常に有用です。セルフ・ポジションに立っている場合は自分自身の情熱や感情にアクセスできますし、オブザーバー・ポジションに立っている場合は客観的になれます。どちらのポジションも、それぞれ異なる状況で役に立ちます。

　例を挙げると、一流の俳優は、自分の役のアザー（相手の）ポジションに入ってその役になりきるということを頻繁にしています。こうした知覚位置の考え方を活用した素晴らしい例が、俳優ダスティン・ホフマンの作品です。彼は映画『レインマン』で主演を務めた時、自閉症のサヴァン症候群を持つ人の役を演じました。複数の資料をもとに役作りもしましたが、とりわけ、「本物のレインマン」

と呼ばれていたキム・ピークという男性を研究しました。ピークは映画で描かれているように、いくつかの驚くべき能力を持っていました。ホフマンは2ヶ月間、この人物を研究し続けました。ホフマンはキム・ピークというアザー・ポジションに入り、非常に正確に相手になりきることを学び、ピークのように動き、話したといいます。

　また、約15年前、とある心理学会が「他者に変化をもたらすための心理学的介入は、資格を持つ心理学者のみに許可する」という法律を通そうと試みました。その法案には、次のような文言が使われていました。

「ここで述べる『心理学』とは、有償・無償にかかわらず、他者に変化を引き起こすあらゆるものを含む」

　教師、聖職者、資格を持つソーシャルワーカー、精神科医、医師など特定の職業は例外とされましたが、よくよく考えると、その法案はセミナー業界や企業経営、水泳のコーチなどあらゆる分野に影響を与える可能性がありました。セミナーを受講すれば、誰もが新しいスキルを身につけるからです。極端な話、スペイン語のクラスで、受講生であるあなたが「Hola, que tal?　（こんにちは。元気ですか？）」とスペイン語であいさつをした瞬間に、警察が乱入してあなたの講師を刑務所に放り込む事態になりかねない法案だったということです。

　その心理学会は、どの知覚位置から考えたのでしょうか？　彼らは「心理学」というものを自分たち（セルフ）の視点からだけ見て、その他の視点をまったく考慮に入れていませんでした。この法案に強く反対した大規模グループの1つが、スタッフ全員がボランティアという高齢者向けのプログラムでした。彼らは資格を有するセラピストではなく、全員がボランティアでしたが、この法案はその州にあるこのような高齢者向けのすべてのプログラムを停止していた可能性があったのです。幸いなことに、この法案は通りませんでした。

　これは、1つの視点からしか物事を捉えていないという例です。賢明な意思決

定には、複数の視点を含めることが必要です。情熱的なコミットメントと知恵は別物です。例えば、ゴッホは絵画に情熱を注ぎ、秀でた作品を生み出しましたが、その一方で知恵は持っていませんでした。ゴッホといえば、当時同居していたゴーギャンとの口論が発端で自分の耳を切り落とし、さらに切った耳たぶを意中の女性に送りつけるという「耳切り事件」が有名ですが、これは決して賢い選択とは言えないでしょう。

ガンジーはかつて、どのようにイギリスと交渉したいのかと尋ねられたことがありました。祖国を支配していた強大な政府に比べ、彼にはお金も力もありませんでした。「はじめに、真実という視点から交渉について考えます」とガンジーは言いました。ガンジーは、自身にとっての真実を見つけることに自分の人生を捧げた人でした（彼の自叙伝のタイトル『ガンジー自叙伝：真理の実験』（講談社出版サービスセンター、1998 年）がまさにそれを表しています）。彼はこの世界で何が真実なのか、そしてそこからどのようにして学ぶのかを見つけ出そうとしていました。自分の真実とはどこにあるのか。それは、セルフという視点から生まれるものです。

ガンジーはまた、次のようにも言いました。「私は英国の総督、不可触民、ヒンドゥー教徒、イスラム教徒の視点からも真実を考えます」。彼と共にアシュラムに住んでいたある女性は、英国総督との交渉を前にガンジーが総督と同じように手を動かし、総督と同じような姿勢で部屋を歩き回っているのを見たと言います。彼はダスティン・ホフマンと同じことを行っていたのです。つまり、相手の視点を理解できるように、その相手になりきるということです。彼は、自分の後継者であるネルーにも、イスラム協議会のトップであったアリーにもなりきりました。そして最後に、ガンジーはこう言いました。「私は一歩下がって、世界の視点からこの状況を見てみます」

彼の交渉戦略の1つは、混じりけのない明瞭な知覚位置に入ることで相手の視点をリハーサルし、より幅広い選択肢の中から、より賢明な決断を下すことでした。たった1つの視点から交渉に臨んでも限定的な結果しか得られませんが、様々

な視点を持っているだけで大きな力を得ることができます。

ポリオワクチンを発見したジョナス・ソークは次のように述べたと報告されています。「自分がウイルスだったら何をするだろう？　もし自分がこのウイルス細胞だったらどうするだろう？」彼はウイルスに「なりきる」ことで、新たな洞察を得たのです。

アインシュタインは、白衣を着て、何百万もの公式を黒板に書き出して相対性理論を作り上げたわけではありません。彼は自分自身にこう問いかけたのです。「光線の先端に乗って空間を進むとどのような感じだろう。手鏡を持って光線の先端に乗ったなら、自分の顔を見ることはできるだろうか、それとも光が追いつかないだろうか」。こうして彼は、異なる知覚位置に入ることによって独自の概念を打ち立てたのです。

知覚位置を使ってできること

・自分自身の意見や信念を、他者のそれと切り分ける
・クライアントの人生経験からリソースにアクセスしやすくなる
・難題に対して創造的な解決策を発見する視点をもたらす

知覚位置の使い方のエクササイズ1

1. 他者とのやり取りにおいて、相手と口論になったり、あなたがおじけづいてしまったりした時、あるいは誰かの振る舞いによってあなたが傷ついたと感じた状況を思い出します。あまり深刻過ぎないような、軽度から中程度に不快だった状況を選んでください。

2. その状況を明確に思い出すために、その時点に自分を戻します。あなた自身の視点（セルフ・ポジション）から、その状況で起きていることを見て、聞いて、感じます。どのような感情を抱いているのか、その体験について自分

はどう理解しているのかを確認します。

3. 例えば、その状況を上から眺められるように浮かび上がってみたり、状況とは関係のない第三者のように横から眺めてみたりして、中立的な位置へ移動します。状況の中のあなたと相手を詳しく観察してみましょう（オブザーバー・ポジション）。相手と、状況の中のあなたは、どのように聞こえ、どのように見え、どのように動き、どのように呼吸をしているかなど観察します。相手の価値観、信念、経歴など、あなたが知る限りの相手の情報を考え、この出来事の直前の状況や体験をどのように捉えることができるかについて考えてみます。

4. 次は、状況の中の相手に入ってみます。できる限り完全にその相手になりきり、相手のフィジオロジー（身体の状態）、視点、過去の経歴などもすべて自分に取り入れます。相手の視点（アザー・ポジション）からその状況を（できる限り完全に）体験するように、出来事を再生します。

5. 再びこの状況を外から観察できるように、入っていた相手の中から浮かび上がるようにして出ます。2人のやり取りを観察しながら、相手と状況の中の自分はどのように聞こえ、どのように見え、どのように動き、どのように呼吸をしているか、などに注目します。ただし今回は、セルフとアザー、両方の視点からの情報を得た状態から観察してみます。

6. セルフ・ポジションに戻ります。もう一度、自分の視点から状況を徹底的に見直してみましょう。

質問

・この記憶に関して、何が変わりましたか？

・どのポジションが最も簡単でしたか？

・これはあなたの人生でどのように価値がありますか？　仕事では？

　このワークは、クライアントが他者の振る舞いに対して混乱または動揺しているケースで行うと非常に役立ちます。

知覚位置の使い方のエクササイズ２

　３人組になり、Ａ、Ｂ、Ｃの３つの役割を割り振ります。

　Ａは、最近あった出来事についてなど、何かを話します。Ｂは、Ａとは会話せずに各知覚位置から２分間ずつＡの話を聞きます（つまりＢは、セルフ、オブザーバー、アザーのポジションでそれぞれ２分間ずつ過ごすということです）。Ｃは、Ｂが知覚位置を移動したことを示すような兆候や、Ｂの移動によってＡの身体状態や声のトーンの変化に特に注意しながら、ＡとＢの両方を観察します。

　全員でＢの知覚位置の移行がＡにもたらす影響に注意を向けましょう。最後にグループ全員で、それぞれのポジションがコミュニケーションに与える影響などについて感じたことをディスカッションしてみましょう。

知覚位置のケーススタディ

　同僚の１人と継続的な問題を抱えていると、マックスはあるコーチング・セッションで愚痴をこぼしました。必要なフィードバックをしているにもかかわらず、過剰に自己防衛してくるこの同僚の女性との問題は以前からずっと続いており、さっきも衝突したばかりだと彼は言いました。

　コーチははじめに、セルフのポジションからその出来事をもう一度体験するように言いました。マックスはこの人物に「攻撃」されて、どれほど腹が立ったかを繰り返し述べました。次にコーチは、彼をオブザーバーのポジションに出し、第三者であるかのように、外側からその体験を見てもらいました。このポジションからだと、マックスは感情に捕らわれることなく、自分を状況から切り離して情報を集めることができました。

このやり取りが単純に、１つの行動に対する行動として観察することができたのです。次に、自分がその同僚であるかのようにマックスには想像してもらいました。彼女が立っているように立ち、できる限り、自分が知っている範囲で彼女の視点や人生経験に基づいて状況を見るように言いました。マックスは、その同僚の目を通して出来事を体験してみました。

　可能な限り「相手に入って」みた後、セルフ・ポジションに戻ったマックスは、自分の話し方が相手を怖がらせていたことに気づきました。そして今後、どうしたら彼女を怖がらせず、より効果的に情報を伝えることができるかについてじっくり考えました。マックスは、自身の行動や、それがほかの人たちに与えているかもしれない影響についての深い洞察を、このプロセスが与えてくれたと述べました。

　残りのセッション時間を使い、その同僚に対処するためのほかの方法にも焦点を当てていきました。どの方法も人生における様々な場面に適用できる方法でした。このプロセスのおかげで、同僚との「非難合戦」の被害者になることから抜け出す方法を教えてくれた、そして力をもらえたと最後にマックスは述べました。

オープン・クエスチョン

オープン・クエスチョンを用いる理由

　効果的なコーチングにおいて最も重要なスキルとは、良い質問を行うことです。クローズド・クエスチョン（「はい／いいえ」などのシンプルな返答しか導き出さない質問）とは対照的に、オープン・クエスチョンは大抵の場合、クライアントが思考や感情を明確に表現したり、問題を明快にしたり、クリエイティブな反応をするためにより深く掘り下げたり、彼ら独自の解決策を見つける手助けをす

る際に、大いに役立ちます。

オープン・クエスチョンとは

オープン・クエスチョンとは、シンプルに「はい」または「いいえ」だけで答えることができない、あるいは1つの単語や数字では答えることができない質問のことです。こうした質問は、さらに多くを話すように相手を促し、クライアントの注意を発言内容のある特定の側面に向けます。

またオープン・クエスチョンは、具体的な感覚的情報をより多く受け取ることができる質問です。例えばクライアントが「友人がいつも私をけなします！」と発言したならば、「具体的にはどのようにあなたをけなすのですか？」あるいは「具体的に、どのような時に彼女はそうするのですか？」などのオープン・クエスチョンを尋ねることができます。

オープン・クエスチョンの使い方

「どのように」のオープン・クエスチョンは、「なぜ」の質問よりも良い情報を引き出すことができます。「なぜ」の質問は自己防衛反応を生み出す傾向があり、言い訳、正当化、説明などが戻ってくる場合があります。次のエクササイズでは、効果的な質問の組み立て方を考える練習をすることができます。

オープン・クエスチョンは、相手の望ましいアウトカムについてさらに多くの情報を引き出すことができます。「この問題が解決したということは、どのようにしてあなたに分かりますか？」あるいは「どの点が異なっていれば、このことについて満足できますか？」

オープン・クエスチョンのエクササイズ

それぞれの状況に対するクローズド・クエスチョン、オープン・クエスチョン

の例を参考にしながら、自分でもオープン・クエスチョンを作ってみましょう。

1. クライアントは、以前のコーチのやり方に対する不満を話しています。以前のコーチは、たくさんのアドバイスをしてきたと言います。
   - 役に立たないクローズド・クエスチョン:「その時のコーチにそのことを伝えましたか?」
   - オープン・クエスチョンの例:「その経験を得て、今コーチとクライアントの関係において求めるものは何ですか?」
   - 役立つオープン・クエスチョンを1つ書いてみましょう

2. クライアントは、会社が研修をしてくれないせいで仕事が難しいと感じていると話しています。
   - 役に立たないクローズド・クエスチョン:「あなたはそのことについて腹を立てていますか?」
   - オープン・クエスチョンの例:「どのようなスキルが必要、または改善したいと感じていますか?」
   - 役立つオープン・クエスチョンを1つ書いてみましょう

3. クライアントは、あるパーティーに参加した時に、人から受けた扱いについて怒りの感情を表しています。
   - 役に立たないクローズド・クエスチョン:「そのことについて、はっきりと相手に伝えましたか?」
   - オープン・クエスチョンの例:「そのことについて、今、あなたにとって重要なことは何ですか?」
   - 役立つオープン・クエスチョンを1つ書いてみましょう

4. クライアントは、10代の頃にスポーツが大嫌いだったと発言しました。
   - 役に立たないクローズド・クエスチョン:「今でもスポーツが大嫌いですか?」
   - オープン・クエスチョンの例:「それが今のあなたにどのような影響を与えていると思いますか?」

・役立つオープン・クエスチョンを1つ書いてみましょう

5. 無職の友人が、あなたの知り合いがいる会社に就職したいと話していると言っています。
　・役に立たないクローズド・クエスチョン：「私から、そこの上司に連絡してほしいですか？」
　・オープン・クエスチョンの例：「私に何かできることはありますか？」
　・役立つオープン・クエスチョンを1つ書いてみましょう

6. クライアントは、望んでいた昇進が叶わなかったため、他社の求人に応募したと説明しています。
　・役に立たないクローズド・クエスチョン：「そこの会社で働きたいのですか？」
　・オープン・クエスチョンの例：「昇進できなかった理由は何だと思いますか？そして次回、そうしたチャンスが巡ってきた時には、どのようにしたいと考えていますか？」
　・役立つオープン・クエスチョンを1つ書いてみましょう

7. クライアントが、今起きている状況について泣き始めました。
　・役に立たないクローズド・クエスチョン：「大丈夫ですか？」
　・オープン・クエスチョンの例：（そうした感情を感じてもよいと承認した後で）「感情を吐き出せた今、どのようにその状況に対処したいですか？」
　・役立つオープン・クエスチョンを1つ書いてみましょう

8. クライアントは、仕事を失って落ち込んでいる気持ちについて話しています。
　・役に立たないクローズド・クエスチョン：「あなたの望む自分になれたら、その悲しみの感情を手放せますか？」
　・オープン・クエスチョンの例：「あなたが仕事を失ったのは辛いことです。次はどのように動きたいですか？」
　・役立つオープン・クエスチョンを1つ書いてみましょう

非常に有効なコーチングの質問

「メタモデル」

　人生における問題の大半は、他者とのコミュニケーションの問題に起因しています。メタモデルが素晴らしいツールである理由は、必要かつ適切な時に、コミュニケーションを明確にして、より具体化できるからです。メタモデルの考え方を使うことで、思考やコミュニケーションの中で削除されているもの、歪曲されているもの、過剰に一般化されているものに対処することができます。また、コーチングのためのパワフル・クエスチョンを提供し、適切な質問を尋ねるタイミングを知るための枠組みを教えてくれます。

メタモデルとは

　コーチングで用いられる NLP の技法の多くは、メタモデルに端を発しています。ジョン・グリンダーとリチャード・バンドラーは、コミュニケーションを改善するために、言語パターンの種類を特定して明確化するメタモデルを開発しました。バンドラーとグリンダーは、自己変容の専門家であるヴァージニア・サティア（家族療法の創始者）、ミルトン・エリクソン（有名な精神科医）、フリッツ・パールズ（ゲシュタルト療法の開発者）をモデリングすることからこの過程を始めました。この３名は、本能的にメタモデルの質問を使っていましたが、その技術は高度なものでした。

　NLP の基本的な前提の１つに、「地図は領土ではない」という比喩があります。地図（マップ）とは、特定の土地と類似するように描かれているため便利に使うことができますが、いずれの地図も領土や土地そのものではなく、限定的で不完全な描写となってしまいます。「現実」と私たちが呼んでいる外の世界も、この「領土」のようなものです。

　人は、いかなる瞬間でも何十億ビットという情報にさらされています。しかし私たちは、そうして受け取っている情報のほんの一部しか処理することができません。インプットされた情報を削除、歪曲、一般化するフィルターにかけるという脳の働きがないと、人は過剰な情報量に圧倒されてしまいます。そしてこのフィルターの役割を果たしているのが、私たちが無意識に作り上げているメンタルモデルやメンタルマップと呼ばれるものです。それぞれが持っているこの地図に基づき、何に注意を向けるか、何が重要なのか、出来事の意味や世界の仕組みなどを選択しています。さらに私たちは、世界を描いたそれぞれの地図を使って行動を起こし、人生を切り開いていくのです。

　優れたコミュニケーターとして、他者が持っている「世界マップ」を理解することは有益であり、メタモデルがこの情報を集めるためのテクニックを提供してくれます。それぞれが持つ「マップ（地図）」は、私たちに力を与えてくれることもあれば、逆に制限をかけてくることもあります。そのため私たちは、言語によって力づけられるチャンスを増やすことを目標としています。

メタモデルがもたらすもの

・話し手の思考を明確にすることで理解を深める
・思考の水面下にある相手の世界モデル（人が自分の中に独自に作り出す世界、また、その世界モデルに関連したバリュー、ビリーフや態度）を引き出す言語を使用する
・相手の世界モデルを広げ、思考、決断、行動における選択肢をより多く作り出すことで、その人の体験に変化を生み出す

　言葉はすべて、より深い、そしてより豊かな一連の意味付けのためのアンカー（身体が覚えた、特定の反応につながる刺激）となっています。聴き手ごとに、その人の経験に基づいて、同じ一連の言葉が異なる考えやイメージを生み出します。例えば私が「彼女が私にあるものを見せた」と言ったとしたら、どのような表象が頭に思い浮かびますか？

彼女とは誰だろう？　彼女は何を見せたのだろう？　どのように見せたんだろう？　あるいは、誰が何をどのように見せたんだろう？　と思うかもしれませんね。そして私はこう答えるかもしれません。「愛犬のペニーが、自分の子犬を口にくわえて私のところへ運んできて見せてくれました」

メタモデルの識別の分類（３種類）

1. 情報を収集する（削除）
   ・名詞の削除（誰が、何が、どれが、どこで、またはいつが欠けている）
   ・比較削除（比較が暗に含まれている）
   ・指示指標の削除（人、場所、または物が特定されていない）
   ・不明確な過程（「どのように」が不明瞭、過程が曖昧）
   ・名詞化（動きがあるはずのプロセスが、静止したものに変えられている）

2. 話し手のモデルの限定（一般化）
   ・普遍的数量詞：絶対的なもの（すべて、いつも、決して〜ない、誰も〜ない、など）
   ・必然性の叙法助動詞（べきだ、しなければならない、など）
   ・可能性の叙法助動詞（はずがない、不可能、できない、など）
   ・価値判断者の削除（過度に一般化された判断）

3. 意味の不適格性（歪曲）
   ・因果関係（外部の何かが原因で自分の中で感情的な反応が起きているという主張）
   ・マインド・リーディング（他者が考えていることや感じていることがわかるという主張）
   ・前提（話し手の言語によって示唆されている仮定）

メタモデルの分類を学ぶ

メタモデルとは、話し手の体験を理解し、相手の「世界地図」または「世界モデル」の正確な情報を得ることを可能にする一連の言語的分類

3つのカテゴリー

・情報を収集する

・話し手の地図またはモデルの限定に気づく

・語義の違いに気づく

手がかりを聞き取る

「手がかり」とは、注意力の高いリスナーであれば気づくことができる、言語学的な差異を表す兆候のこと

適切なメタモデルの質問をする

それぞれの言語的な手がかりに対し、情報を集め、制限に挑み、話し手の発話において欠落している部分を埋めることを可能にする特定の質問がある

ラポールを維持する

メタモデルの質問は、相手の精神世界に踏み込んで、探りを入れるようなもの。
必ずラポールを維持し、このツールの使用について分別のある判断をすること

手順

メタモデルを使えるようになるためには、それぞれの違いを聞き分け、適切なメタモデルの質問で対応する必要があります。

単純削除

単純削除が起きている場合、発言の主体や目的語、またはその両方が欠けているか、不明瞭になっています。欠けている情報を埋めるためには、「具体的に誰が？」または「具体的に何を？」と尋ねます。

例：「私は嬉しい」
メタモデルを用いた反応：「具体的に何について？」

不特定の「誰が」（指示指標）

　この場合は、話し手の言語の中の言葉やフレーズが、誰について言及しているものなのかが特定されていません。言葉やフレーズが人物やモノを特定していない場合は、聴き手は一般化として識別します。

メタモデルの質問：「具体的には誰が？」、または「具体的には何を？」、あるいは「具体的にどちらの〜？」
例：「彼らがあなたに連絡するように言いました」
反応：「具体的には誰が私に連絡するように言ったのですか？」

比較削除

　比較削除は、話し手の心の中で暗に比較が行われた時に起こりますが、何と比較したのかは明確ではありません。注意を払うキーワードの中には「十分な」「あまりにも」「より良い」「最高の」「最も多くの」などが含まれます。メタモデルを使った反応は「何と（または誰と）比較してそうなりますか？」

例：「このパソコンは高すぎます」
反応：「何と比べて高すぎるのですか？」

名詞化

　名詞化は、動的なプロセス（過程）が静止した状態に変えられていることを意味します。名詞化に気づくことで、話し手の言語モデルと、話し手の体験の中でまだ進行しているプロセスを再びつなぐことができます。名詞化が使われると聴き手だけでなく、話し手の中にも固定された静止画像が作り上げられます。こうしたケースにメタモデルを使うことで、静止画像を動画像に変えることができ、はるかに多くの情報が意識に提供されます。名詞化された言葉に「〜する（〜る）」をつけて動きを表す表現を使い、静止画像を動画像に変えることができます。例

えば「関係」を「関係する」と言い換えたり、最近では若者言葉として名詞に「る」を付けたりする（例：メモ⇒メモる、パニック⇒パニクる）ことも多く見られます。「～する（～る）」に変形させることが難しい場合は、「具体的にはどのように？」と尋ねてみましょう。

例：「メアリーは自由奔放な性格なのに、とても消極的です」

反応：「メアリーは具体的に、どのように消極的なのですか？」「自由奔放とは、具体的にどのような意味ですか？」

例：「混乱が、私の前進を阻んでいる」

反応：「あなたを混乱させているものは何ですか？　そしてどのように？」

不特定動詞

　不特定動詞とは、コミュニケーションの中で意図された正確な、または真の意味を完全に理解するために必要な具体性が欠けているものです（どのような動詞もさらに具体化できます）。メタモデルの質問は、「具体的には、どのように？」です。

例：「父が私を怖がらせます」

反応：「どのようにあなたを怖がらせるのですか？」

普遍的数量詞

　普遍的数量詞は、言語の世界の中で絶対不変を表します。「決して～ない」「すべて」「あらゆる」「常に」「誰も～ない」などのフレーズがこれにあたります。一部の体験をすべての体験に過剰に一般化する言葉です。絶対不変にメタモデルを用いる方法の1つは「皆が？　本当に？」と、声のトーンを変えてその部分だけを強調するようにバックトラッキングする方法です。もう1つの方法は、「具体的に誰が（何が）？」と尋ねることで、一般化をチャンクダウンしていくことです。反例を尋ねてみることもできます。

例：「彼女は時間通りに来たことが一度もない！」．

反応：「一度も？」「彼女が時間通りに来ないというのは、あなたの体験ですか？」
　　　「どのような時でも？」
例：「すべてを時間通りに終わらせるのは不可能だ」
反応：「これまでに、時間通りに何かを終わらせたことはありますか？」

・手順
手順1：話し手の言葉をよく聞いて、普遍的数量詞を特定します。
手順2：その一般化の普遍性について尋ねます。
例：「彼女はいつも仕事ばかりしている！」
反応：「いつも？　24時間、寝ている間でも？」

必要性の叙法助動詞
　　必要性の叙法助動詞は、人の行動に対するルールや、かかっている制限を特定する言葉です。必要性の叙法助動詞には「べき／べきではない」「しなければならない／してはならない」「する必要がある」などがあります。これらの制限について尋ねるためには、「あなたを止めているものは何ですか？」あるいは「もし〜したら（しなかったら）、何が起こりますか？」と尋ねてみましょう。

「あなたを止めているものは何ですか？」と尋ねることは、相手がその一般化を作り出した体験について考えることを促します。「もし〜したら（しなかったら）、何が起こりますか？」と尋ねることで、話し手はその結果について考えるようになります。「なぜ」と尋ねるのは避けましょう。時には質の高い情報を掘り出すことができるかもしれませんが、大抵の場合は、相手からの保身、言い訳、あるいは自分を正当化するような反応を引き出します。

例：「私はもっと自信を持つ必要があります」
反応：「あなたを止めているものは何ですか？」
例：「私がどう感じているかを彼らに伝えるべきではありません」
反応：「もしそれを伝えたら何が起こりますか？」

例：「新しいプロジェクトは年末までに完了しなければならない」
反応：「教えてください。もし完了しなければ何が起こりますか？」

可能性の叙法助動詞

　可能性の叙法助動詞は、話し手の世界マップの中では不可能だと考えられているものを表す言葉です。「はずがない」「不可能である」「可能ではない」などという言葉から特定することができます。多くの人が、難しいことや不慣れなことは「不可能だ」と考えてしまい、不必要に自分の世界に制限をかけています。このように制限がかけられた考え方に対して「あなたを止めているものは何ですか？」あるいは「それができたとしたら、何が起こりますか？」と尋ねることで、思考への有益な挑戦をしかけることができます。

　こうした質問を使うことで、正当化、保身、言い訳を引き出すことが多い「なぜ？」の質問を尋ねるよりも、どう役に立つのかに注目してみましょう。

例：「昇進を申請することができません」
反応：「申請することから、あなたを止めているものは何ですか？」

価値判断者の削除

　判断とは、正しい／間違っている、良い／悪い、道徳的な／道徳に反する、などについての一般化です。「最高」「良い」「悪い」「バカげている」「イライラする」「正しい」「間違っている」「本当の」「偽りの」などのような言葉によって見分けられます。こうした言葉には道徳上の側面が多く含まれるのも事実ですが、やはり話し手自身の世界マップに基づいた一般化であることに変わりありません。通常、何かを判断する時は3つの要素が必要です。判断する者、判断の対象、そして判断基準です。これらいずれかの要素が欠けている時、「価値判断者の削除」となります。

　例えば誰かが「ガムを噛むのは良くない」と言った場合、判断の対象である「ガム」だけが明確になっています。しかし、判断する者（誰が判断しているのか？）、

または判断基準（なぜなら〜、ガムはどのように悪いのか？　なぜガムは悪いのか？　なぜ、それがわかるのか？）についての情報が提供されていません。結果についても明確にすることができます。「ガムを噛んだら、何が起こるのか？」例えば、3人の人たちがガムを噛むことは良くないと主張していたとして、1人は「アメリカ歯科医師会によれば、ガムを噛むことで歯が腐るから」と言うかもしれません。もう1人は「誰かがガムを地面に吐き捨てて、私の靴にそれが張り付くのが嫌いだから」と答えるかもしれません。3人目は「祖母がガムを噛むことはマナーが悪く、上流社会にふさわしくないと言っていたから」と言うかもしれません。

　価値判断者の削除に対してメタモデルの質問を使う時は、以下のような考え方を適用すると良いでしょう。

手順1：相手が使っている、世界に対する判断の言葉を聞き取ります。例えば、馬鹿げている、イライラする、正しい、間違っている、本当の、偽りの、などと同じ分類の言葉として特定することができます。
手順2：これは、話し手の世界モデルにおける一般化であることに気づきましょう。
手順3：これは世界そのものではなく、相手が持つ独自の世界モデルにおける一般化なので、コーチ（優れたコミュニケーター）は、判断の中の「価値判断者の削除」を明らかにすることで、話し手のモデルにおけるより多くの可能性を生み出す手助けをすることができます。

例：「遅刻は悪いことです」
反応：「誰に対して悪いのですか？」「どのように遅刻は悪いのですか？　遅刻とは具体的にどういうことですか？」
例：「これが正しい振る舞い方です」
反応：「誰にとって正しい振る舞い方なのですか？」（話し手は基準を明らかにしているが、判断者を特定していません）「誰によると？　具体的にはどのような振る舞いですか？」

因果関係

　因果関係の発言は、例えば感情などの内的状態や何らかの行動が、外部の出来事や人に起因するとした時にその因果関係が明確になっていない発言をいいます。「彼にやらされた」などの発言は、相手がどのようなことをしたために話し手が行動する「原因となった」のかが明確になっていません。これに対するメタモデルの質問は、「X がどのように Y を引き起こしたのですか？」です。

例：「この音楽があるから私はイライラする」
反応：「この音楽は、具体的にどのようにあなたをイライラさせるのですか？」
例：「彼のせいで私は怒っている」
反応：「彼の行動がどのようにあなたを怒らせるのですか？」

マインド・リーディング

　マインド・リーディングは、相手が心の中で考えている具体的な内容を相手から明確に聞くことなく、相手が考えていることや相手を動機付けているものがわかると主張する時に起こります。

　このパターンに対するメタモデルの質問は、「X だと、どのようにして分かりますか？」です。この質問は、話し手がそれまで当たり前だと思っていた前提に気づかせたり、疑問を感じさせたりするきっかけを与えます。

例：「私の父は、私が何をしても気にもしない」
反応：「父親が気にもしていないということを、あなたにはどのようにして分かりますか？」
例：「気に入らないだろうけど……」
反応：「どのようにしてそれがわかるのですか？」
例：「馬鹿げた質問だと思われるでしょうが……」
反応：「私がそれを馬鹿げている質問だと思うと、どのようにしてわかるのですか？」

前提（暗黙のまたは隠れた前提）

前提とは

　前提とは、人が作り上げる（時に無意識の）想定や憶測です。

前提を特定する理由

　前提を特定する目的は、自身の世界モデルを狭め、行動の可能性を制限してしまう想定や憶測の発見を促すことです。言語学的に言うと、こうした想定や憶測はその人の言葉の中に前提として現れます。例えば、「新しい上司は、前の上司と同じくらい信用できないのではないかと心配です」という発言の意味を理解するためには、前の上司も信用できなかったという考え方が存在していることは事実であると受け入れる必要があります。

前提を特定する方法

　前提を特定するためには、自分自身にこう尋ねてみてください。「この発言をしている相手にとって、何が事実でなければならないのか、または、どのようなことが想定されているだろうか？」

　メタモデルを用いて反応することで証拠を求めたり、隠された想定や憶測をバックトラッキングしたりすることで、暗黙の前提を明らかにすることができます。次の発言を考えてみましょう。

「上司が、どれほど私が過度の負担を抱えているのかを知っていたら、これ以上私に責任を転嫁することはないだろう」

　この発言でわかることは、発言者が過度の負担を抱えていること、発言者に責任を転嫁することで上司が責任を免れていること、上司は発言者がどれほど負担を抱えているか認識していないこと、発言者の気持ちを知っていたら上司の態度は変わるだろうという想定がなされていることです。考えられる質問としては次のようなものが挙げられます。

「あなたはどのようにして、自分を過度の負担を抱える状態にしたのですか？」
「上司が認識していないということを、あなたにはどのようにして分かりますか？」
「上司があなたを信頼しているから責任を与えているのではなく、あなたに責任転嫁をしているとどのようにして分かりますか？」

例：「モンティはあまりにも意地悪だから、彼を避けよう」
この文章において、何が事実でなければならないでしょうか？　モンティは意地悪、だから避けられるべき。
反応：「モンティはどのように意地悪なのですか？」「彼を避けることで私たちは何が得られるでしょうか？」

重要な前提の種類

・時間

　何かが起こることは確実であり、問題はそれがいつ起こるかという前提です。こうした時間の前提には、「〜する時」「〜する前に」「〜以降」「〜した後で」「来週」などが含まれます。

「契約書への署名は、**昼食の前**にしますか？」という文章は、どちらにしても契約書は署名されることが前提となっています。「**今日**会うから、Ｘプロジェクトを完了させられます」という文章は、「会う」ということと「プロジェクトを完了させられる」ということが前提となっています。

・「または」／序数

「または」は、選択肢の中から選ぶことができるという前提であり、序数の前提は、物事を配列化し、順序をつけます。

例えば、「するのは、あなたのオフィスですか？ **または**私のオフィスですか？」という文章は、どちらにしても会うということが前提になっており、問題は会う場所をどうするかと言っています。

「あなたのモチベーションを上げる仕事のクライテリアを特定するのは、**今回が初めて**ですか？」という文章は、あなたがクライテリアを設定することが前提となっています。

・副詞と形容詞

副詞や形容詞は文章を修飾し、記述語を追加します。こうした言葉は、すべて前提として使われている可能性があるということに注意しましょう。

「どれだけ**早く**、あなたがプロジェクトのゴールを特定できるだろうと考えています」この文章では、あなたがゴールを設定することが前提となっており、唯一の疑問点はあなたが完了するまでのスピードです。

「**幸いにも**、チーム全員が居合わせるので、すべての質問に答えることができるでしょう」。ここでの前提は、質問は答えられるということです。

・自覚

この前提は、何かが事実だと想定し、唯一の問題は相手がそれに気が付いているかどうかということ表しています。自覚の前提には、「気づく」「認識する」「わかる」「知る」「見る」「理解する」などがあります。

「こうした種類の言葉を普段からどれくらい頻繁に使っているのか、あなたは**気づいていますか？**」

この文章は、あなたが普段から前提の言葉を使っていることを前提としており、その事実を認識しているかどうかにあなたの意識を向けさせます。

「私たちが時代に合ったサービスを提供していることを顧客たちが**理解する**までに、それほど時間はかからないだろう」

この文章では、私たちが「時代に合った」サービスを提供していることが前提となっており、聴き手の注意は、「顧客がその事実に気づいているかどうか」に向けられます。

コーチングの技巧

以下のコーチングの「技巧」は、コーチング・セッションの中で使うことができる具体的な一連のスキルです。これらはコーチングの「基本」であり、自社の従業員などをコーチングする時には特に役に立つものです。コーチは適宜、これらのパターンの多くをコーチングのプロセスに容易に組み込むことができます。

ここでは、私たちがコーチ・トレーニングでこれらの技巧を教えるために行っているエクササイズを紹介しましょう。エクササイズは誰かと一緒に、あるいは少人数のグループで行います。一緒に練習できる仲間や友人を誘ってみることをおすすめします。

承認

承認とは

　承認とは、クライアントの役に立つ行動や能力、ビリーフ、価値観、人柄だけでなく、頑張って取り組んでいることや、どのように課題や問題を受け止めているのかを評価し、認める行為です。例えばコーチは、「昇進できなかったのはがっかりしますよね。あなたが一生懸命に頑張ったこと、準備も十分にできていたことは確かです」と言うことで、クライアントを「ちゃんと見ていた」ことが伝えられます。

承認する理由

　その人の中で実際に起きていることは、周囲から気づいてもらえないものです。コーチがそれを言葉にすることで、初めて会話の一部にできます。承認は褒めることではありません。褒めるとは、人への判断または評価であり、承認とは、事実を述べることなのです。

承認がもたらすもの

　クライアントとのより深いラポールを築きます。

承認のエクササイズ

　あなたがいいなと思う人、または尊敬している人を5人選びます。彼らはどのような人なのか、今のその人ができあがるまで、彼ら何をしてきたのかなど、相手について認められる点を書き出します。同じことをあなた自身に対しても行います。自分はどのような人なのか、何をしてきたから今の自分になったのかなどを書き出します。自分が成し遂げてきたことを、時にはこうして振り返ってみましょう。

挑戦

挑戦とは

　挑戦とは、クライアントが自身の快適ゾーン（安心感や居心地の良さを感じられる状態）をはるかに超えた行動を起こすように提案することです。実際にクライアントが抵抗するくらい十分に強烈な挑戦である必要があります。

　例えば、ワークライフ・バランスを完全に崩している仕事中毒のクライアントがいる場合、純粋な個人的な楽しみと娯楽のために1日2時間を使うように、あえて要求してもいいでしょう。クライアントは、そんなことはできるはずがないとたくさんの理由を述べるでしょう。それこそが、クライアントを本当に望む方向に向かって動かしていく何かを見つける糸口をくれます。また、クライアントが葛藤を抱えているなら、何と何との間で葛藤しているかの両側が特定できる場合もあります。それが見つかったなら、葛藤を統合または解消する手助けができます。

挑戦する理由

　挑戦は2つの点で役に立ちます。1つ目は、挑戦によってクライアントの限界が引き延ばされることです。人生の勝者は自分の快適ゾーンを常に10％は押し広げようとするそうです。2つ目の点は、あなたがクライアントを信じているということ、そしてクライアントは自分が思っている限界を超えるために必要なものを既に持っているとはっきりと示せることです。

挑戦がもたらすもの

　挑戦はクライアントに自分の通常の快適ゾーンを超えた先へ進む動機を与えます。有効な挑戦はある程度の抵抗を生みます。相手は与えられた通りの挑戦は拒絶し、少し軽めのものを申し出ます。それでもやはり、彼らの通常の限界を超え

させることになります。

中断

中断とは

　中断とは、クライアントがコーチング・セッションでは役に立たない話をだらだらと続けないように、そして失礼にあたらないように、クライアントの話を遮ることです。コーチング中は、次のようにクライアントの話を中断させることができます。

・重要な点だけに絞り、クライアントの話を要約して返すことで、それまでクライアントが話した内容に対するあなたの理解を伝えます。その後に、クライアントの意識を再びアジェンダに戻すような質問をすることができます。例えば、「プロジェクトを前に進める」ことがセッションの焦点であったにもかかわらず、クライアントが同僚の態度について話し始めたとします。そのような場合、次のようにシンプルに言うことができます。「その人が厄介な存在になり得ると同時に、あなたはこのプロジェクトをとにかく前に進めたいのですね。これを踏まえ、前に進めるためにあなたにできることは何ですか？」

・「あなたの話を少し遮らせてください」と、クライアントに話を遮ることを伝

えます。また、中断することを事前に伝え、コーチ契約の一環としておくことで、中断が必要だと判断した時にクライアントからの許可が得られている状態にしておくことができます。

・「関連性への挑戦」を用います。同意したセッションの焦点に、その話がどのように関係しているのかをクライアントに尋ねます。あるいは、「すみません、この話がどこに進んでいるのか分からないのですが」と伝えます。

・「具体的にはどのように？」「具体的にはどこで？」「それはどのような意味か教えてください」など、メタモデルの質問を用います。

・例えば、「そこから何を学びましたか？」「その体験をしたことは、あなたにとってどのような意味を持ちますか？」と質問することによって、会話をより有益な方向へと修正します。

・長話をすることの肯定的意図を特定します。「この話をすることで、大切な何かを話そうとしていることが分かります。あなたは今、何を本当に望んでいますか？」

中断する理由

中断は、コーチングの時間を最大限に活用するために役立つツールです。

中断のエクササイズ

クライアントとコーチの2人組で行います。クライアントは、とりとめのない話をだらだらと続けます。コーチ側の役目は、話し続けるクライアントに対して様々なコーチング・スキルで中断し、話の方向を変える手助けをします。例えば、バックトラッキングして関連する話題へと方向修正をしたり、話の関連性に挑戦したり、「それはあなたにとってどのような意味がありますか？」などと尋

ねることでクライアントに要約したりしてもらいます。

探求

探求とは

　探求とは、省察と自己発見を促すために質問を活用することです。世界最高峰のヒプノセラピストとして数えられ、NLP 初期のモデリング対象の 1 人でもあったミルトン・エリクソンは、装飾品や珍しい鉛筆、小さな人形など、自分のオフィスにたくさんの小物を置いていました。セラピーセッションの最後、エリクソンはこうした小物をクライアントに 1 つ手渡して、これはあなたに深い意味を持つ物であり、次のセッションまでそのことに意識を向けるようにと伝えました。この体験を通して、クライアントは無意識から浮かび上がる重要な何かを見つけることがよくありました。コーチングのスキルとしての探求は、このアイディアに基づいたものです。

探求する理由

　探求を行うことで、この世界における自身の新たな在り方に対して意識的に焦点を当て続けることができます。

探求がもたらすもの

　次回会うまでの間に熟考できるような質問をクライアントに与えることで、クライアントは内省し、新たな自分を発見することができます。それは、必ずしも「正解」のある質問ではないかもしれません。

　探求のための質問には次のようなものがあります。

・ベストな自分でいられる時、私はどのような精神状態なのだろうか？

・私は何を先送りにしているだろうか？

・私は何を抑え込んでいるだろうか？

・私は何に対して「はい」と言い、何に対して「いいえ」と言っているだろうか？

・私はどのような妥協をしているだろうか？

・今、私が本当に欲しいものは何だろう？

　書籍『コーチング・バイブル：人と組織の本領発揮を支援する協働的コミュニケーション』（東洋経済新報社、2008 年）には、探求のための質問が数多く記載されています。コーチの中には、こうした探求のための質問を常にリストにしておき、そこから選んで使う人もいます。

探求のエクササイズ

　少人数のグループで行います。次のコーチング文脈（コンテクスト）に対する、役に立つ探求の質問を全員でブレインストーミングしてみましょう。「モチベーションを上げること」「最後までやり通すこと」「人生でうまくいっていること」「行き詰まりから抜け出すこと」など。

要望

要望とは

　コーチはクライアントに要望することができます。もちろん、クライアントのアジェンダ（課題）に関連する要望でなければなりません。例えば、クライアントがずっと先延ばしにしてきた何かの行動を起こすように要望することができます。または、クライアント自身が誰かに要望を伝えるように提案することで、クライアントが不満に思っていたことをチャンスに変えることもできるでしょう。

要望する理由

　要望は、クライアントの背中をそっと押すために用いられます。例えば、物事に「不満」を感じるパターンをクライアントが変えたがっているとします。そのような場合は、クライアントがコーチングで話題にするそれぞれの「不満」に隠された自分自身の願望を、1つずつ特定するように要望できます。こうすることでクライアントを再びエンパワーでき、「被害者モード」から抜けられなくなる状況を避けられます。

手順

　コーチングとは、望ましいゴールに向かってクライアントを動かせるような、質の高い質問を使うプロセスです。そのためには、課題を完遂する、何かを最後までやり切る、新しいことに挑戦するなどの要望を出す場合も多くあります。要望を出す時は、コーチ自身の考えに縛られないことが重要です。コーチであるあなたのアイディアが、クライアントにとって非常に有益であることが分かっている場合でも、クライアントは次のいずれかの反応をします。

1．クライアントが「はい」と答え、要望を受け入れる
2．クライアントが「いいえ」と答え、要望を拒否する
3．クライアントがほかの選択肢を出してくる

　クライアントが受け入れた場合、コーチングの技巧であるアカウンタビリティを用いましょう。クライアントが拒否した場合、問題に対処するために何をするか、またはどのようにアプローチしたいかを尋ねることができます。クライアントがほかの選択肢を出してきた場合は、やはりアカウンタビリティを用いて「それを必ず実践するというアカウンタビリティを負いますか？」と尋ねることができます。

要望のエクササイズ

　２人組で行います。まずは、不満を感じている事柄を５つ書き出します。交代でクライアントとなり、不満を１つずつ述べます。コーチ役は、その不満に対処できるような要望を考えてクライアント役に伝えます。クライアントは、「はい」「いいえ」またはほかの選択肢を出します。

リフレーミング

リフレーミングとは

　リフレーミングとは、これまでとは異なる枠組みや文脈の中で物事を捉えることです。リフレーミングはクライアントの可能性を広げることができます。例えば、社内で仲の良い同僚とすれ違った時、あなたが親しみを込めて「おはよう！」と声をかけたにもかかわらず、相手が返事をしなかったと想像してください。この出来事から、人は様々な「意味」を受け取ります。どのような「意味」でこれを捉えるのかは、その人のこれまでの経験、ビリーフ、その時の気分でも左右されるでしょう。

「私の声が、ただ単に聞こえなかった」と思う場合もあれば、「私のことが嫌いになったのか」と思う場合もあるかもしれません。あるいは、「何を怒っているのだろう」と思ったり、「失礼な人だ」と思ったりするかもしれません。このように、同じ出来事に対して様々な捉え方ができるという点を活用して、クライアントの視点を意図的に変えることを**リフレーミング**といいます。

リフレーミングを使う理由

　人は、それまで生きてきた経験に基づき、個々が作り上げてきた「型」通りの考え方をするものです。クライアントが限定的な考え方を示している時にリフ

レーミングを使うことで、より広い視野で状況を捉えることができ、新たな可能性が生まれたりします。

　次を試してみましょう。問題を新たな視点から捉えることができるかもしれません。

あなたをイライラさせるものや、心配させること（子どもがテストで低い評価を取った、上司の機嫌が悪そうだ、など）を考えてみます。そして、クライアントに（またはあなた自身に）尋ねてみましょう。

・10年後、このことはどれくらい重要ですか？
・その人のすべての行動、振る舞い、性格などを考えた時、このことはどれくらい重要ですか？
・これは、誰かの人生にどれくらいの現実的な影響を与えますか？
・あなたに心配を抱かせないような、この状況のほかの意味づけを5つ考えてみましょう
・制限的な前提を反転させます。「あなたが実際に感じたことの逆はどうですか？」と尋ねてみます

一言リフレーミング

　ロバート・ディルツからインスピレーションを受けた一言リフレーミングは、自分自身や他者に対する非難の意を含む発言をリフレーミングするものです。これを行う目的は、クライアントが自らの限界を描写している時に発するキーワードなどを言い換えることで、自分にかけている足止めを外すことです。

　例えば、次に挙げた言葉はそれぞれ同じようなことを意味していますが、右に行くほど非難の度合いが減っていきます。

・安っぽい⇒つましい⇒倹約家

・妥協⇒思いやりのある⇒敬意のある

・頭でっかち⇒知的⇒頭脳明晰

・自分勝手⇒自身のニーズを認識している⇒自立した

一言リフレーミングのエクササイズ

制限的でネガティブな意味合いの言葉を、より広い視野を与えてくれるポジティブな言葉に変えてみましょう。まずはクライアントに、次の空欄を埋めてもらいます。

「私は自分自身を止めてしまいます。なぜなら ＿＿＿＿＿＿＿＿＿＿＿＿ 」

例えば、以下のような発言だったとします。

「私は自分自身を止めてしまいます。なぜなら人に批判されたくないからです」

「私は自分自身を止めてしまいます。なぜなら失敗するのが怖いからです」

「私は自分自身を止めてしまいます。なぜならバカげて見えるからです」

「私は自分自身を止めてしまいます。なぜなら初対面の人は苦手だからです」

これらの発言を、より広いコンテクスト（時間、人、空間）からポジティブな意味合いを持つ新しい言葉にリフレーミングしましょう。

上記の発言をリフレーミングした例を挙げます。

クライアント：「私は自分自身を止めてしまいます。なぜなら人に批判されたくないからです」

リフレーミングの例：「人からのフィードバックに備えていると、役に立つことも見つけやすくなります」

クライアント：「私は自分自身を止めてしまいます。なぜなら失敗するのが怖いからです」

リフレーミングの例：「リスクを計算して、この困難を乗り切るために必要なリソースが特定できるのは良いことです」

クライアント：「私は自分自身を止めてしまいます。なぜならバカげて見えるからです」

リフレーミングの例：「ほかの人たちに自分がどのような印象を与えているのかついて敏感でいることは、役に立つ場合があります」

クライアント：「私は自分自身を止めてしまいます。なぜなら初対面の人は苦手だからです」

リフレーミングの例：「今の自分の精神状態がはっきり分かっているのは良いことです。分かっているからこそ、乗り越えることができるのです」

第 **4** 章

コーチング・セッションの
概要

1 セッション前	・セッションの準備 ・クライアントの為のスペースを作る ・セッションの意図を設定する ・自分のステートを整える （好奇心、何も知らない状態、クライアントへの敬意、NLPの前提）
2 ラポール	・信頼関係を築く ・クライアントとの心地よい関係性 ・ラポールが崩れそうな時に気づき、修正する
3 方向付け	・クライアントに合わせたオープン・クエスチョン ・様々なオープニングによる結果
4 スペースの保持 （クライアントの アジェンダの保持）	・焦点を維持する ・傾聴とバックトラッキング ・具体的な情報を得る ・言語化されない部分まで聞き取る（過程に注意を向ける）
5 求められるもの	・コーチの柔軟性 ・クライアントの柔軟性の育成
6 計画と行動	・行動 ・決断 ・確認可能な手順 ・計画の評価
7 クロージング／ フォローアップ	・セッションを振り返る ・アカウンタビリティ／調査／課題を振り返る ・次回のセッションへの橋渡し（日時の確認） ・セッション後の記録（問題、メタファーなどを簡潔に記載）

コーチング・セッションの概要

　コーチング・セッションは、各回がそれぞれ独立したプロセスであると言えます。この「コーチング・セッションの概要」を参照することで、各セッションで実行しなければならない手順を確実に押さえることができます。この概要は、セッション前の準備からセッション後の記録やフォローアップの方法まで、すべてを網羅しています。コーチはこの「地図」を使って、コーチングが軌道から外れていかないように毎回のセッションを管理することができます。

ラポールを築く

　ラポールとは、相手と「同調している」「波長が合っている」または「調和が取れている」状態であると定義することができます。2人以上の人が互いに明確に理解し合い、相互に信頼のある関係であることを意味します。

　ラポールを築くための各種要素は、NLP の初期開発段階におけるモデリングを通じて発見されました。例えば、クライアントの行動の一部をミラーリング、マッチングすることで、自然なラポールが形成されます。ミラーリング、マッチングができるものには、姿勢や呼吸、声のトーン、話すテンポ、声の大きさ、プロセスワードなどが含まれます。実際にラポールが築かれていると、意識しなくても互いにミラーリングが起こるようになります。

ラポールを用いる理由

　自然にラポールが生まれる時、話し手と聴き手は「シンクロ」しているため、コミュニケーションはスムーズで、互いに互いを簡単に分かり合うことができます。コーチとクライアントの関係においても同じことが言えます。ラポールがあ

115

ればクライアントと円滑なコミュニケーションが取れるだけでなく、クライアントが今体験していることに対する理解も深まります。ラポールは信頼関係を築く土台であり、コーチングを成功させる上で最も重要な要素です。

ラポールがもたらすもの

　冬場に、羽ばたきを同調させながら南方に向かって編隊飛行するガンの群れや、山の斜面に沿って注意深くリーダーの後ろを付いていく鹿の群れを見たことがありますか？　動物たちは皆、自分たちの世界の中で同調するよう努めますが、人間もまた、互いに同調しようと頑張る生き物であることが研究によって明らかになっています。人間の赤ん坊は、生まれる前から母親の声のテンポに合わせてリズミカルに動き、聞こえてくるほかの声のリズムに素早く順応することが分かっています。こうした同調性は人間の生まれ持った特徴であると思われ、ラポールの土台を形成しています。

　NLP という分野が誕生して間もない頃より、優れたセラピストや営業マン、交渉人、その他の熟練のコミュニケーターたちは、相手の行動と体験に同調することで、厚い信頼関係を素早く築いていくことが分かっていました。どれだけ相手の行動にマッチングあるいはペーシングできるかによって、相手とのラポールの度合いも変わってきます。有能なコーチも例外ではなく、彼らは体系的にクライアントの行動にマッチングしています。例えば、姿勢やジェスチャー、声のトーン、テンポ、大きさ、感覚的体験を表現するために使う言葉、呼吸の速さなどです。人は皆、ある程度ラポールが築けている相手の行動にマッチングする傾向があります。この現象に意識的に気づき、相手の行動や体験に積極的にペースを合わせることで、関係がこじれてしまった人や、あなたとはまったく違うタイプの相手とでもラポールを形成することができます。

実践方法

　ラポールを形成する上で最も簡単な方法の1つとして、相手の動きに合わせる

ことが挙げられます。私たちの経験上、鏡合わせのように互いの動きが同調することを、ほとんどの人が心地よく自然に感じるものです。アメリカの画家、ノーマン・ロックウェルの作品に、ニューイングランドの2人の女性たちが杭柵から身を乗り出し、世間話に花を咲かせていることが誰の目にも明らかな絵があります。そこに描かれている2人の女性は、まるで鏡に映したかのように同じ姿勢で立っています。ビートルズのポール・マッカートニーは左利きでギターを演奏しますが、右利きだったジョン・レノンと向かい合って座り、互いをミラーリングして楽曲を作ることが度々あったそうです。このことが、多くの優れた作品を世に生み出した理由の1つだとポールはコメントしています。

　このように、あたかも鏡の中の相手を見ているかのように、その人の行動に合わせることを「ミラーリング」と呼びます。例えば、相手が左足を上に組んでいるなら、あなたは同じ姿勢で右足を上に組みます。また、正面から見た相手の頭が少し左側に傾いていたら、あなたも自分の頭を左側に傾けます。さらに、相手の姿勢やジェスチャーを経時的にマッチングまたはミラーリングすることを「ペーシング」と呼びます。

　相手の行動をマッチングしたり、ミラーリングしたりする目的は、あくまでもラポールを築いたり相手の体験に対する理解を深めたりすることであり、決して相手を真似ることが目的ではありません。つまり、相手の姿勢やジェスチャーをざっくりと模倣したいのであって、「猿真似」をしたいわけではないのです。相手の一挙手一投足をマッチングあるいはミラーリングしてしまうと、多くの人はそのことに意識的に気づき、居心地が悪くなったり、不快な思いをしたりするでしょう。ミラーリングは、さり気なく行うようにしましょう。

　また、環境にも意識を向けるようにしましょう。あなたのオフィスや仕事場は、柔軟性を制限するような、ラポールを築きづらい配置になっていませんか？　以前、ある銀行からコミュニケーションのトレーニングをしてほしいと依頼を受け、頭取を訪ねたことがあります。この時、私たちが座ったのは、とても低くて柔らかい椅子でした。一方の頭取は、巨大なデスクの後ろで、非常に背が高くて大き

すぎるくらいの重役椅子に腰を下ろし、ハゲタカのような視線で私たちを見下ろしていました。その後、頭取には別の場所に座ってもらえるよう何とか促しましたが、それに至るまでは、双方にとって苦しい面会となったことは言うまでもありません。

　さらに、あなた自身の行動を意識し、相手があなたをミラーリングできないような姿勢になることは避けましょう。例えば、あなたがスラックスを履いている男性で、片方の足首をもう片方の膝の上に乗せるような体勢で座っている場合、相手がスカートを履いた女性だったとすると、彼女があなたにマッチングすることは非常に難しくなります。また、子どもや、あなたより著しく背が高いもしくは低い人と話す場合は、座ることでその差を最小限にしましょう。私たちが以前に目撃した光景で印象に残っているのは、家族療法の開発者であり、NLP の初期にモデリングの対象にもなったセラピー界の天才、ヴァージニア・サティアの行動でした。背の高かった彼女は、背の低い女性と話す際に、階段を 2 段降りて視線を合わせるという巧みな立ち回りをしていたのです。

　実際にラポールが形成されたかどうかは、まずあなたがクライアントの姿勢をミラーリングして、次に相手を「リードする」ために自分自身の姿勢を変えてみることで判断できます。もし、ここで相手があなたに合わせて姿勢を変えた場合、ラポールが築けているということになります。そうでない場合は、再びミラーリングを続けましょう。

　相手の姿勢や仕草のペーシングのほかにも、相手の声のトーンや話すテンポ、声の大きさをペーシングする方法があります。話し方をマッチングさせるためには、相手の話をマルチレベルで注意深く聞く必要があります。相手が話している内容ではなく、相手の「話し方」に合わせていきます。声のトーンとは、声が高いか低いか、大きいか小さいかを指します。テンポとは、話す速度や、話す際の間の取り方などを指します。つまり、相手の話す内容と話し方の両方に耳を傾ける必要があるということです。

　これまでに、自分よりもゆっくり話す人と会話をした経験はありませんか？ あなたはどのような反応をしたでしょうか？　多くの人が、自分の話す速度を上げたり、相手の話の結論を代わりに言ってしまったり、もっと速く話すように促すジェスチャーをするなどの傾向があります。逆に、あなたよりもはるかに早口の人と話したことはありませんか？　このような体験では双方が不快な思いをし、戸惑うことが多いでしょう。そして、ゆっくり話す人は「頭が悪い」、速く話す人は「いい加減」などとネガティブな決めつけをしてしまうケースもあります。

　まずは相手の話に注意深く耳を傾け、それから相手に合わせるようにして、あなたの話すテンポを変えていきます。互いの話すテンポがあまりにも異なる場合は、わざとらしくならないように少しずつ変えていってください。相手の声のトーンやテンポ、大きさにマッチングするスキルを高める練習として、テレビやラジオを使った方法がおすすめです。番組司会者の中には、絶妙に相手の話し方にマッチングできる人もいます。特に、ラジオの優秀なナビゲーターの話し方を注意深く聞き、ゲストとラポールを築くために声のトーンやテンポ、ボリュームをいかにうまく合わせているのかを観察してみると良いかもしれません。また、ここで私たちが提案しているマッチングの方法は、電話でラポールを築く上で非常に優れています。合わせられるのは、電話越しに聞こえる相手の声だけだからです。話す速度を相手に合わせることは、コールセンターのスタッフにとって、電話対応の快適性と応答性を高めるための最も効果的な戦略でもあると言えるでしょう。

　でも、マッチングしてみると良い練習になります。相手の声のトーンやテンポをよく聞いてみてください。そして、相手のトーンやテンポに合わせ、相手の発言にコメントしてみましょう。この練習を1〜2週間ほど続けていくと、考えることなく自然にマッチングができるようになっていることに気づくはずです。

　先に述べたように、新生児は母親の声に合わせてリズミカルに動くことで同調を図ります。子どもが成長して自分なりの話し方を学び、自分が属している文化、

家族、仲間のシステムにおける話し方を学んでいく中で、子どもは五感を通して世の中を理解する方法も学んでいきます。人間は、世界を直接体験することはできません。私たちは、視覚的に（心象）、聴覚的に（音と言葉）、そして体感覚的に（身体感覚、内的および外的な感情、動き）自分が作り出している表象を通して世界を体験しています。また、嗅覚や味覚については、西洋文化は他の文化よりも発達していない傾向にありますが、もちろん一定の役割は果たしています。

　次のような実験をしてみましょう。相手とのラポールの度合いにどのような影響があるでしょうか。

1. 相手の姿勢、脚の状態、頭の角度、手の位置などを観察してミラーリングします。
　実験内容：まずは相手の姿勢にミスマッチしながら（意図的に逆のパターンで）会話をしてみます。次に、マッチングしながら会話をします。その違いに気づいてみましょう。

2. 相手の呼吸のリズムやスピードにマッチングします。
　実験内容：まずは相手の呼吸にミスマッチしながら会話をしてみます。次に、呼吸をマッチングしながら会話をします。その違いに気づいてみましょう。

3. 相手の話し方のテンポやトーンにマッチングします。
　実験内容：まずは相手の声にミスマッチしながら会話をしてみます。次に、相手の話し方にマッチングします。その違いに気づいてみましょう。

4. 相手が使っているプロセスワード（視覚、聴覚、体感覚のどの知覚モードで考えているかが特定できる叙述語）に合わせます。プロセスワード、または叙述語を通して、人は自分が今どのように考えているかを常に伝えています。こうした言葉を聞き取れるようになるまでは多少の練習が必要ですが、間違いなく努力する価値があります。

　人はどのような時でも、どの表象システムを使っているかを自分の言葉に乗せて伝えています。このような言葉を「叙述語、動詞、副詞、形容詞、プロセスワード」と呼びます。例えばある特定の瞬間に、自分の中で描いている映像に最も意識が向いている人は「見る、見える、眺める、イメージ、映像、明るい、ぼやけた、視点」といった言葉を使います。音や言葉に最も意識が向いている時は「言う、伝える、音、聞こえる、カチッとはまる、ざわつく、話し合う、説明する」など、音や言語を描写する言葉を使います。体感覚に最も意識が向いている時は「感じる、触れる、捉える」や、「熱い、冷たい、生ぬるい」などの温度に関する言葉、「飛ぶ、はねる、押す」などの動作に関する言葉、「でこぼこした、スムーズな、固い」などの質感を表す言葉を使います。

　知覚の叙述語は、その人がどのように考えているかをそのまま反映します。例えば「この考えに焦点を合わせることができない」といったフレーズを聞いた時、発言者は文字通り、ピントが合っていない映像を内面で作り出しています。例えば、「フレッドは明るい人だ」のようなコメントを聞いたら、フレッドに対する内的表象は明るい映像なのでしょう。相手が使う叙述語やプロセスワードに合わせることは、ラポールを築く上でも強力な方法です。実際、相手の言葉をペーシングしないと、相手の現実や目の前の課題への理解にマッチングできていない状態になってしまいます。その場合、相手はあなたが言っていることを理解するために、あなたの言葉をいちいち変換しなくてはならなくなります。

よく使われる視覚の叙述語

・見える：「あなたが言いたいことが見える」

・描く：「それを頭の中で描けない」

・視点：「新たな視点を手に入れる」

・空白：「頭が真っ白になった」

・見る：「これを見て！」

・イメージ：「もっと鮮明に問題をイメージする必要がある」

・多彩な：「多彩な表現」

よく使われる聴覚の叙述語

・ピンとくる：「これならピンとくる！」
・調和：「調和をもたらすことは大切だ」
・口調：「この口調は苦手です」
・言う：「一度だけ言いますからね」
・聞く：「よく聞いてください……」
・カチッとはまる：「物事がカチッとはまるように理解できた」
・物語る：「自分は行く末を物語っている」

よく使われる体感覚の叙述語

・感じる：「この件は本当にうまくいっていると感じます」
・接触：「外部と接触する」
・冷たい：「彼は冷たくて無神経だ」
・手に負えない：「この問題は私の手には負えない」
・つかむ：「意味がつかめない」
・手を伸ばす：「夢に向かって手を伸ばす」
・飲み込む：「事実を飲み込むことができない」

　ほとんどの人が、幼少期の段階で、３つのうちいずれか１つのシステムを好むようになります。例えば、視覚的な体験を意識しやすい子どももいれば、音や言葉を意識しやすい子どももいます。そして、物事を内面でどのように感じるかをより意識しやすい子どももいます。私たちは常に五感のすべてを使って考えているため、「主要な感覚」というものはありませんが、置かれた状況に応じて１つのシステムをほかのシステムよりも意識的に認識する傾向があります。加えて、私たちはそれぞれが人間という１つのシステムです。すべての思考が身体に影響を与え、身体の体験は思考に影響を及ぼします。ほかのシステムより常に１つのシステムを好んで使っていると、時間と共にそれが習慣化されます。つまり、思

考は身体の姿勢や呼吸、動きのパターン、声のトーンやテンポ、そして体験していることを表現するための言葉にも影響を及ぼすのです。

　例えば、自身の体験を体感覚的に表現することが多い人は、肩が丸く、なだらかでリラックスしている傾向があります。筋肉質、または洋なし型の体型をしていることもあります。話す時の声は比較的低く、ゆっくりとしたテンポであり、腹部に近い位置で呼吸しがちです。視覚情報に意識が向きやすい人は、背中が常に伸びていて、動きが速く、肩に力が入り、高めの声、速いテンポで話し、胸の高い位置で浅く呼吸する傾向があります。

　言葉に意識が向きやすく、体験していることを言語で表現しがちな聴覚優位の人は、肩を後ろに引き、頭をわずかに後ろに反らせ、顎を上げ、抑揚のあまりない話し方で引用を用いて話す傾向があります。こうした聴覚優位で考える人の中には、音の質にも意識が向きやすい人もいます。彼らの特徴の1つは、深めの声や美しく響く声の持ち主であるということです。アール・ナイチンゲールは、良く響く深い声のトーンを持った聴覚優位な人物の良い例です。聴覚優位で考える人は、相手と話す時に頭を少し左側に傾け、視界に入るものに思考を邪魔されないように、下向き加減で会話をする傾向があります。アイコンタクトを避けることで、音調に集中しやすいからです。

　1つの表象システムから他の表象システムへ意識が変移する時は、呼吸も変化します。そのため、相手の呼吸のスピードにマッチングすることは、ラポールを築く上で最もパワフルな方法かもしれません。ドナルド・モインとジョン・ハードは、営業向けのNLP手法を紹介している書籍『Modern Persuasion Strategies（最新説得戦略）』（1984年）の中で次のように述べています。「現役のトップセールスたちが実際に営業活動をしている場面を撮影して検証したところ、本人たちは意識していないようだが、自然に顧客の呼吸に合わせていることが分かった。その点を指摘すると、はじめは否定していた彼らも録画映像を見てすぐにその有用性に納得した」。相手と同じリズムで呼吸すると、無意識のつながりが生まれます。そして、あなた自身のフィジオロジーが相手と同じ情報表象

システムに入らざるを得なくなります。よって、自分自身の声のトーンやテンポ、体験を描写するために選ぶ言葉も変化していくのです。

　相手の呼吸にマッチングする練習をしたいのであれば、正面から相手を見るよりも、少し横から見た方が呼吸を観察しやすいことを覚えておきましょう。相手の横隔膜や肩の辺り、肩甲骨の真下辺りをしっかりと観察してください。相手が話している時は、息を吸い込むタイミングに注目します。これは電話でも簡単に聴き取ることができます。ペーシングが可能な動作のいくつかをここまでに説明してきましたが、それらと同様に、意図的に呼吸をマッチングする練習をしばらく続けていれば、人と接する時に考えることなく自然とマッチングできるようになっている自分に気づくでしょう。

　人は、自分が発達させてきた優位感覚を活用することで、さらに能力が発揮できる職業に魅力を感じることがよくあります。例えば、視覚的な現象に意識が向き、自分の中で容易に映像を思い浮かべられる人は、建築家やエンジニア、数学者、あるいは芸術家になるかもしれません。発達した聴覚を使って音を認識しやすい人は言語や音楽に惹かれるため、トーンやテンポ、音色のより洗練された区別が必要な職業に惹かれたりします。体感覚優位で考える人は、ダンスや運動競技などに惹かれるのかもしれません。

　要約すると、ラポールとはコンテクストに関係なく、相手の波長に合わせ、調和のとれた人間関係を築くことができる能力と言うことができます。そして、相手の行動や体験をペーシングまたはミラーリングする能力こそが重要となります。

　ペーシングできる具体的な行動や動作は、次のようにまとめることができます。

・相手の姿勢やジェスチャー
　繰り返しますが、猿まねではありません。相手の姿勢に倣うことです。

・話している相手の声のトーン、テンポ、ボリューム

　声の調子が大きく異なっていると、誤解や不信などの原因となる場合があります。

・相手の呼吸

　呼吸の速さを合わせることで、有効なラポールを築くことができます。繰り返しますが、恐らく相手の波長に合わせる最もパワフルな方法となるでしょう。

・叙述語やプロセスワード

　相手が使っている叙述語やプロセスワードを注意深く聞き取り、自分も同じ分類の言葉を使うことで、確実に互いへの理解が深まります。

「コミュニケーションの失敗」のほとんどは、その人が悪い人や愚かな人だからではなく、単に言語パターンの不一致やラポールの欠如が起こっているに過ぎません。ラポールというスキルは、コーチとして、そして人として、磨き続けていくべき最も効果的なスキルと言えるでしょう。

クライアントのアジェンダ（課題項目）を保持する

　現代社会において、自身のゴールにフォーカスを向け続けていくことは困難です。集中を乱すものや気を逸らすものが数多く存在するからです。コーチングは、そのような状況の中でも軌道から逸れることなく順調にゴールへと向かっていくためのサポートを提供してくれます。つまり、クライアントのアジェンダを保持することは、コーチの大切な役割であるということです。

目的

・クライアントが集中し続けられるようにサポートすること
・クライアントが線引きできるように助けること

方法

1. クライアントがアジェンダを設定できるようにサポートします。アジェンダには、大きく分けて2つのレベルがあります。
   a. クライアントがコーチングを受ける上で、コーチと共に取り決めた最もフォーカスを向けたい、最も達成したいと願う大きなゴールや夢や価値観。通常、インテーク・セッションや再契約のためのセッションなどで具体的に特定されます
   b. その日のセッションで扱う、より具体的なアジェンダや的を絞ったゴール

2. クライアントのアジェンダを保持するための方法は、以下に記載するものも含め、数多く存在します。
   a. アジェンダを述べ、特定のタイミングで再度述べる
   b. アジェンダに関連付けるようにバックトラッキングする
   c. クライアントのアジェンダに基づいたパワフル・クエスチョン
   d. クライアントがアジェンダから脱線した時に中断する
   e. クライアントがアジェンダから脱線した時、話題の関連性に挑戦する
   f. アジェンダの項目内の矛盾を指摘する

コミュニケーションを方向付ける

「方向付け」とは

「方向付け」とは、言葉や言語構造を用いて意図的に会話を導くことです。このスキルは、コーチング・セッションや一般的な会議などでも結果に大きな違いを生み出します。なぜなら、コーチが最初に発する一言で、その後の会話の方向性が決まってしまうからです。

　例えばコーチが、次のようにコーチング・セッションを開始したとします。「前回のセッション以降、どうでしたか？」これを言われたクライアントの立場に立ってみましょう。あなたの中で何が起こりますか？　この質問に答えるためには、過去を振り返り、膨大な情報を分類して、関連性のあるものを見つけ出す必要があります。このように曖昧な質問をすると、クライアントからも曖昧な答えが返ってくるか、セッションにはあまり役に立たない雑多な情報を引き出してしまうでしょう。そしてセッションは簡単に軌道を外れていきます。

　コーチング・セッションを開始する際には、次のような有益で具体的な質問から始めましょう。こうした質問を使えば、クライアントも具体的な答えを返してくれますし、クライアントが進みたい方向性についても教えてくれます。

・今日の私たちのアジェンダは何ですか？
・今の状態と、セッションが終わるまでにどうなっていたいかを教えてください
・今日成し遂げたいことは何ですか？
・今日のゴールを話す前に、先週の課題がどのように進んだかを教えてください

　これらのオープニング・ステートメントは、どれもコーチングにおける会話を有益な方向へ導きます。また、セッションを始める前には、あなた自身のゴールも明確にしておくことを常に覚えておきましょう。ゴールが明確になっていれば、比較的簡単に生産的な方向へ会話を導くことができます。ただし、ここで留意しておきたいのは、コーチング・セッションの内容は、コーチではなくクライアントのアジェンダであるということです。

方向付ける理由

「方向付け」を行う時は、相手の体験を導き、コーチング・セッションが成功する可能性を高める言語を使います。上記で述べたように、方向付けることによって詳細過ぎる、あるいは無関係な話題を避けやすくなります。このスキルを用いることで、会話を有益な方向へ導くことができるのです。例えば、聴き手の意識

をセッションのゴールに関連のある方向へと導く影響言語のパターンなどが役に立ちます。

コミュニケーションを方向付けるエクササイズ

　Ａさん、Ｂさん、Ｃさんの3人組を作ります。最初の軽い挨拶が終わり、セッションを始めるにあたってコーチとして使いたい発言を3つ書き出します。ＡさんとＢさんからの協力を得て、次のことを特定しましょう。

1. その発言の前提となっているのは何でしょうか?
2. その発言を聞き、クライアントは内面でどのような反応をするでしょうか? その発言の結果、想定できる相手の内的体験はどのようなものでしょうか? その発言は、あなたが望んでいる方向へクライアントの注意や意識を導くものですか?
3. あなたが望む方向へクライアントを導けるように、「方向付け」の発言を見直します。コーチングにうまく機能し、あなたも気に入るような発言が見つかるまで、様々なオープニング・ステートメントを試してみる必要があるかもしれません。

　例えば、新入社員向けのオリエンテーションで司会者が開口一番、次のように発言したと想像してください。「このオリエンテーションが、皆さんにとって退屈なものにならないと良いのですが……」この発言には、どのような前提が含まれているでしょうか? 聴き手の意識をどの方向に向けるでしょうか? オリエンテーションをポジティブ方向に進めるには、どのように言い直すことができるでしょうか? 例えば、「このオリエンテーションが終わる頃には、わが社で成功するために必要なことが、少なくとも5つは習得できるでしょう」などと述べた時との違いに気づきましょう。

適格に構成されたアウトカム
～成功のための必要条件～

　人がゴールにコミットしやすいのは、そのゴールを自分で決めた時、あるいは自分の願望や関心のあることからゴールが生じた時です。そしてそのゴールをさらに達成しやすく、パワフルなものにしてくれるのが「適格に構成されたアウトカム」と呼ばれる NLP のプロセスです。このプロセスは、適切で的確なゴール設定のための具体的な質問を提供してくれるため、コーチには欠かせないツールの１つです。

「適格に構成されたアウトカム」とは

　ゴールやアウトカムがエコロジカルで、適切で、達成可能であるためには、いくつかの条件を満たしている必要があります。適格な構成を持つゴールやアウトカムであることを確認するため、次に紹介する 13 の質問を使うことができます。

これらの質問を用いる理由

　人が設定する大半のアウトカムが、実は、あまり適格に構成されていません。そのため成功する可能性も低くなってしまいます。これらの質問に答えていくことで、クライアントが成功する確率がはるかに高くなります。アウトカムやゴールが明確で、一貫している（個人の内面で対立が起こっていない）場合、クライアントの無意識はその達成に向けて自動的に物事を整理するようになっていきます。

「適格に構成されたアウトカム」のための 13 の質問

　次の質問を尋ねることで、確実な成功のための必要条件を満たすことができます。

1. あなたが欲しいものは何ですか？

 そのアウトカムは、

・肯定形で述べられていますか？（望まないものでなく、望むものが述べられているか）
・あなたが率先して始められることですか？
・あなたがコントロールできることですか？
・大規模で曖昧なアウトカムではなく、管理しやすい具体的で詳細なアウトカムですか？

必要に応じて、より具体的なアウトカムに切り分けていきましょう。

2. それが達成できたと、あなたにはどのようにして分かりますか？（証拠）

3. その証拠は、感覚に基づく言語で描写されていますか？（何が見えて、聞こえて、感じられるのか？ 状況に応じて匂いや味も特定する）

4. いつ、どこで、だれとそれを達成したいですか？（コンテクスト）

5. アウトカムを達成することで、どのようなポジティブまたはネガティブな結果が出ますか？

6. アウトカムを達成するために必要なリソースは何ですか？（情報、姿勢、内的状態、トレーニング、資金、他者からのサポートなど）

7. アウトカムを達成するために、あなたが既に行っていることは何ですか？

8. そのアウトカムを達成することで、何がもたらされますか？（具体的なアウトカムを達成した先にある真の恩恵を特定する）

9. アウトカム達成のための最初の一歩は、具体的で達成可能なものですか？

10. アウトカムを達成する方法は複数ありますか？

11. 具体的な時間枠（期限や期日）が含まれていますか？

12. 今すぐにそのアウトカムを達成することからあなたを止めているものは何ですか？

13. そのアウトカムが完全に達成され、実現している未来に行ってみると想像しましょう（逆計画）

　既にアウトカムを達成した自分から過去を振り返り、ここまで来るために自分がどのような手順をたどったのかを特定していきましょう。

メタアウトカム
～アウトカムのアウトカム～

メタアウトカムとは

　私たちが何らかのゴールを設定する時、実は、その具体的なゴールを達成することが真の目的ではありません。さらに大きな目的を達成するための手段でしかないのです。メタアウトカムとは、目前のゴールを超越し、そのゴールを達成することで満たされる夢や、自分が願っている人としての在り方などのことを指します。

メタアウトカムを知りたい理由

・その人にとって大切な動機付けのパターンを見つけ、不適格に構成されたゴー

ルから抜け出す

・自分の内面での葛藤や、他者との対立を解消する

・クライアントの真のクライテリアを見つけ出す

メタアウトカムがもたらすもの

・あなた（またはクライアント）を、ゴールに向かって本当に突き動かすものが特定できる

・重要な価値観またはクライテリアを見出す

・交渉において、互いの共通利益を明確にする

・行動や活動の裏側にある恩恵を特定する

手順

個人に対してメタアウトカムを用いる場合

1. 取り扱いたいゴールまたはアウトカムを決めます。

   どのようなゴールでも構いませんが、「適格に構成されたアウトカム」の条件を満たしていないゴールであれば、より一層役に立つでしょう。例えば条件を満たしていないアウトカムには、「顧客が自分にもっと敬意を表してほしい」などが挙げられます。

2. アウトカムが実際に達成されたことを想像してもらい、次のように尋ねます。

   「このアウトカムが達成されたことで、あなたに何がもたらされますか？」
   例：「顧客があなたに敬意を表してくれることで、何がもたらされますか？」
   つまり、アウトカムのアウトカムを尋ねているということです。例えばクライアントは、「顧客がもっと敬意を持って接してくれたら、自信を持って彼らの苦情に対応できるようになります」と答えるかもしれません。

3. 答えが肯定形で述べられているかどうか、そして、その人が本当にコントロールできることかどうかを確認します。また、答えに内面のステートや価値観

は含まれていますか？（例えば「自信」は内面のステートの1つです）

4. クライアントの答えが肯定形で述べられていない場合や、その人がコントロールできるものではない場合、その答えに対してさらにメタアウトカムの質問を繰り返します。

    肯定形ではない回答例：「敬意を持ってくれたら、顧客も暴言を吐かなくなる」
    この答えは否定形で述べられており、その人がコントロールできるものではありません。この場合、さらにメタアウトカムの質問を繰り返し尋ねます。

    質問例：「顧客が暴言を吐かないことで、あなたに何がもたらされますか？」
    一方で、以下の回答は肯定形で述べられています。
    「顧客が敬意を持ってくれたら、自分の仕事がやりやすくなります」

    この回答は肯定形で述べられており、「仕事がやりやすい」はその人がコントロールできる可能性があります。さらに内面のステートや価値観を知るために、再度メタアウトカムの質問を繰り返すとよいでしょう。

    質問例：「その結果としてあなたの仕事が本当にやりやすくなれば、それはあなたに何をもたらしますか？」
    回答例：「もっと自信が持てるようになります」

5. クライアントが使ったキーワードやフレーズを復唱して確認します。
    「あなたが本当に望んでいることは、もっと自信を持って顧客に対応したいということですね？」

複数人の間における対立を解消するためにメタアウトカムを用いる場合
1. 各人が主張している意見を聞き、確実な理解のために、それらの意見をバックトラッキングします。

2. 各人に、その主張が認められることで彼らに何がもたらされるのかを尋ねます。その狙いは、対立している主張を超越した、さらに高い次元の動機を見つけ出すことです。

3. メタアウトカムの質問を繰り返すことで、両者が共有できるアウトカムまたは両立できるアウトカムを見つけていきます。

4. 両者共に、同じまたは似たようなゴールを望んでいたことを指摘し、同じことを望んでいるのであれば、どのように協力できるのかを考えることで対立を解消することができます。

メタアウトカムの質問

1. それを達成することで、さらに何がもたらされますか？

2. それはあなたにとってどのような価値がありますか？

3. それを行う目的は何ですか？

4. それが達成されることで、あなたは何ができる、手に入れられる、あるいは、あなたはどうなれますか？

メタアウトカムのエクササイズ

1. 2人組で行います。クライアント役が以下の発言例を1つずつ述べ、コーチ役はメタアウトカムを取っていきましょう。
「体重を減らすために、食事はとらないつもりです」
「希望する仕事に就けません」
「自分のオフィスで起こることに対し、すべて自分が責任を持つ必要があります」
「自分の妻／夫に怒鳴られる時、冷静さを保てるようになりたいです」

2.クライアントの発言に対するあなたの理解をバックトラッキングし、メタア
　ウトカムの質問の1つを尋ねます。

メタアウトカムのケーススタディ

　新しいマーケティングキャンペーンのマネージャーであるジャックは、出張の
ため1週間オフィスを留守にしていました。出発する前から、マイクとサンディ
の関係にいささかのぎこちなさがあることに気づいていましたが、驚いたこと
に、戻ってきてみるとプロジェクトチーム全体がギスギスした状態になっていま
した。そしてこの問題を解決するために迅速に対応する必要があると確信しまし
た。

　ジャックは、マイクとサンディの対立を解消するため、3人で話しあう場を設
けました。そしてまずは、それぞれの意見を聞くための時間を取り、両者それぞ
れにメタアウトカムの質問をいくつか尋ねました。

　マイクは、サンディが手っ取り早い方法を取るあまり物事の質を下げていると
感じていました。そして、スピードを緩め、もっと詳細に注意を向け、具体的な
行動に移す前に相談してほしいと思っていました。サンディがそのように行動し
てくれることで自分にもたらされるものは何かと尋ねられると、プロジェクトの
正確な遂行が保証されると答えました。さらにメタアウトカムの質問を続けてい
くと、プロジェクトが正確に遂行されることで会社のイメージが良くなり、さら
には達成感が得られるとマイクは答えました。さらに質問を続けていくと、達成
感を得ることで、プロジェクトが成功した十巻も得られ、そのプロジェクトに携
わったことに誇りを持つことができると述べました。

　一方のサンディは、マイクがすべてを滞らせていると感じていました。彼女は
マイクに「肩の力を抜いて」、すべてをルールに従って行うのではなく、もっと
創造的にニーズに対処することを望んでいました。マイクがそのように行動して
くれることで彼女にもたらされるものは何かとジャックが尋ねたところ、マイク

からの要求に振り回されずに物事が勧められるので彼女自身が解放されると答えました。さらにメタアウトカムの質問を続けると、解放された状態で物事が進められれば、プロジェクトを成功させることができ、理想的には予定よりも早く終えることができるとサンディは言いました。それによって、彼女やプロジェクトチームが社内で注目される存在になれると感じていました。

　互いのメタアウトカムについて話しているうちに、マイクとサンディは自分たちの最終的なゴールは共通しており、プロジェクトを成功させるというアウトカムを望んでいたことに気づきました。さらに、両者共にプロジェクトを誇りに思うことを望んでいることを知り、驚いていました。この点の一致が、彼らに実用的な折衷案を見出すインスピレーションをもたらしました。サンディは特定の事柄に関して事前にマイクに相談することに同意し、マイクは製品の質が損なわれない限り、代替案を進んで取り入れることに同意しました。プロジェクト全体を脅かしていた2人の緊張関係は、メタアウトカムの質問をすることにより、30分足らずのミーティングを一度行っただけで解消されたのです！

あなたの未来の脚本を創る（ストーリーボード）～長期目標を逆計画する～

ストーリーボードとは

　ストーリーボードとは、目標達成や夢の実現に向かうための重要な手順を逆計画するプロセスです。このプロセスは長期的な目標を達成し、そしてモチベーションを維持するためのロードマップの作り方を教えてくれるため、従業員をコーチングする素晴らしいツールとなります。

ストーリーボードを用いる理由

・逆計画をすることで、現在の状態と長期的な目標を橋渡しすることができる

ストーリーボードがもたらすもの

・現在の活動と長期的な目標を結びつける
・長期的な目標の実現へと続く、主要なマイルストーンを特定することができる

手順

1. 望ましい長期的な未来を豊かに、そして十分に表現するような適格に構成されたアウトカムを作成します。目標達成の適切な期日を決めます（6ヶ月、1年、3年など）。

2. 現在と望ましい未来の中間地点を特定します。例えば、目標が1年先だった場合の「中間点」は半年先になります。望ましい目標に向かって進んでいることを示す明確かつ強力な指標として、この中間点で何が起きているかを特定します。その指標を用いて中間点の具象を作り出し、現在と望ましい未来の間の適切な地点に置きます。

3. 次に、手順2で決めた中間点の間の中間点を特定します。ここが、最終目標までの道のりにおける「4分の1地点」になります。例えば、目標が1年先なら、中間地点は半年先、そして4分の1地点は3ヶ月先です。中間地点やその先の目標に向かって進んでいることを示す明確かつ強力な指標として、4分の1地点で何が起きているかを特定します。それらの指標を用いて4分の1地点の目印を表象し、現在と中間地点の間の適切な場所に置きます。

4. 現在と4分の1地点の中間点を作ります。これが最終目標までの道のりにおける「8分の1地点」になります。例えば、目標が1年先の場合、中間地点は半年先、4分の1地点は3ヶ月先、8分の1地点は6週間先です。4分の1地点とその先の目標へと進んでいることを示す明確で強力な指標として、8分の1地点で何が起きているかを特定します。この指標を用いて8分の1

地点のマイルストーンを表象し、現在と4分の1地点の間の適切な場所に置きます。

5. 手順4でまとめた「8分の1地点」へと前進するために既に進めている、あるいは今すぐに取り組むことができる次の手順を特定します。

6. 目標設定地点、つまり「現在」から上記の全地点を通って、望ましい目標にまっすぐつながる線を引き、全手順の間に力強く明確なつながりを作ります。こうすることで、長期的な目標が、必然的にその途中にあるすべての手順の結果となります。

7. すべての適切なステージを望ましいゴールへとつなげるストーリーボードが策定されたことでその目標が現段階でどれくらい達成可能であると感じられるのかをテストします。

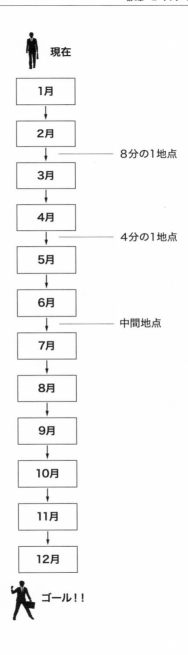

手順1	適格に構成されたアウトカムから始める

アウトカムのプロセスを用いて、達成に向けた明確なガイドラインとともに、適格に構成されたアウトカムを作る。
ストーリーボードは長期的なアウトカム（この例では1年）に最も適している

手順2	アウトカムをストーリーボードにする

中間地点を決める（この例では6ヶ月）。
それぞれの地点において、ゴールに向かって進んでいることがわかる
明確で協力な証拠を特定する

手順3	4分の1地点（3ヶ月）

手順4	8分の1地点（6週間）

手順5	現在のアクション

手順6	点をつなげる

クライアントから始まり、中間、4分の1、8分の1のすべての地点を通って
アウトカムまで到達する想像上の線で現在と未来をつなぐ

手順7	テストする

このプロセスが、クライアントの目標や、目標の明確さ、
モチベーションにどのような影響を与えたかをクライアントに尋ねる

ストーリーボードのケーススタディ

　マークは調停者になるために何年もの間、熱心に勉強を続けてきました。しかし、調停者としての仕事を始めたいと思いながらも何から始めれば良いのか分からず、気が遠くなっていました。彼の未来をストーリーボードにすることは、前進するための素晴らしい方法のように思えました。

　初めに、彼のアウトカムの条件や詳細を具体化することで、長期目標を定めました。マークは週に4日、1日5時間働き、毎月少なくとも75時間はクライアントに対して調停者としてのサービスを直接提供することを望んでいました。現職であるカリフォルニア州職員としての仕事を段階的に減らしていったとしても、収入は維持したいと望んでいました。また彼は、現職での人脈を活かして州政府の職員に対してサービスを提供できるかもしれないと考えていましたが、対象者を就職員に限定しようとは思っていませんでした。そして、18ヶ月あればこのゴールを達成できるとマークは想定していました。

　中間地点（9ヶ月）では、最低月30時間または週に約8時間は、クライアントと直接関わる調停サービスが提供できるようなビジネスが確立できているという目標を設定しました。ウェブサイトも満足のいく形で完成し、紹介者となってくれる人々のネットワークを作り、地元紙に投稿するための記事を最低でも2つは執筆し、積極的に自分のサービスをマーケティングしながら、満足してもらえたクライアントから次の仕事を紹介してもらえるようになっていると想定しました。州政府での仕事はパートタイムにするか、週に24時間程度にまで減ると決めました。

　4分の1地点である4ヶ月半（18週間）先では、月に10時間の調停業務を提供し、ウェブサイトのデザインが完成して、公開されている状態です。弁護士やファイナンシャルプランナーなど、紹介してくれる見込みのあるネットワークを持ち、地元の商工会議所と少なくとももう1つ別のネットワーキンググループに加盟、州政府での勤務時間を週に32時間まで減らしていると想定しました。

8分の1地点（9週間）では、自分の調停サービスのマーケティングを始めており、少なくとも2人のクライアントがいる状態。彼の目標を応援してくれると感じていた州政府の上司に自分の長期的な目標について相談し、勤務時間を減らす計画を立てると決めました。

　マークは調停者となるためのトレーニングを完了するなど、既にゴールに向かって歩みを進めていました。そして調停者としての自分の長所を特定し、調停における彼なりの哲学をウェブサイトに掲載するべく、記事の下書きに取り組んでいました。これらのトピックが、目下のコーチング活動の焦点になりました。さらに、彼はクレジットカードでの支払いを受け付けるための口座の設定方法を調べ始めたほか、自宅に事務所を構えることについて妻からの賛同を得ました。

　ストーリーボードのセッションの終わりに、マークは明確な行動計画が立てられたと感じ、気が遠くなるような気持ちはもはやありませんでした。自身のキャリアの選択に改めて熱意を感じ、前に進むことが待ちきれないようでした。

ステート・マネジメント

ステート・マネジメントとは

　ステート・マネジメントとは、いかなる状況においても、自らが望むステート（精神状態）を選択することができるようになるプロセスです。人生の問題の多くは、自分自身が上手に管理できず、リソースのない状態で行動することが原因で起こります。自身のステートを管理できるようにコーチングすることで、仕事や人生でより良い結果を出すようクライアントに力を与えることができます。

ステート・マネジメントを行う理由

・特定の状況において最も役立つ精神状態に入り、それを維持できるようになることを目指す。例えば、物事を素直に受け入れられたり、本心を率直に話せたり、リラックス、集中した、遊び心のある状態などが挙げられます
・柔軟性と個人の力を高める
・自分自身を管理し、リソースフルな姿勢を維持する

ステート・マネジメントがもたらすもの

・今、自分自身をプログラミングして、そのステートに入りたい時に自動的にアクセスできるパワフルな方法を教えてくれる
・特定の状況における望ましいステートを知ることができる
・望ましいステートにアクセスする手段を与えてくれる
・特定のステートを適時、維持する手段を与えてくれる

手順

1. 特定のステートにアクセスしたい状況を説明します。その状況において、例えば何らかのパフォーマンスで成功したいのか（例：歌う）、問題を解決したいのか（例：コンピューターの不具合を処理する）、他者と折り合いを付けたいのか（例：上司との問題を解消する）、タスクを実行したいのか（例：プロジェクトの計画書を作成する）などを特定します。「誰が、何を、どこで、いつ」などの具体的な部分まで想定します。さらに、その状況の前後で取っているだろう行動も考えてみましょう。

2. その状況に適切な、または最もパワフルな精神状態を特定します。例えば、あそび心にあふれた、抜かりのない、柔軟性があるなど。さらに次のことについても考えてみましょう。

・その状況において、あなたがそのステートに入ることで達成したいゴールや意図は何ですか？

・望むステートに入ったことがわかる証拠は何ですか？（深く呼吸している、笑顔でいる、集中し続けている、など）

・そのステートに入り、維持するために、あなたは何をしますか（テクニック、姿勢、心構え、意図など）？ そのステートを維持できる方法をいくつか考えてみましょう

・その状況において、あなたがそのステートに入ることで達成したいゴールや意図は何ですか？ステートを取り戻すために何ができますか？ ステートが崩れた時に取り戻すための方法をいくつか考えてみましょう

手順1 コンテクストを特定する	手順2 望ましいステートを特定する	手順3 ステートを特定するときに考慮する点
・何らかのステートに入りたいと思う状況やコンテクストを説明する （例） ・パフォーマンス ・問題解決 ・他者と関わる ・タスクを完遂する	・その状況に役立つ適切でパワフルなステートを特定する	・目標と意図：その状況における目標は何か ・証拠：望ましいステートに入っているとどのようにしてわかるか ・行動：そのステートに入るために、どのような手順や行動があるか ・回復：ステートが乱れた場合、どうすれば取り戻すことができるか

ステート・マネジメントのケーススタディ 1

ウィリアムは、自身が高額な報酬を得られる上に、会社に大きな貢献となる契約を締結できる見込みのある、重要なセールスのプレゼンを行うことになっていました。そして、このプレゼンで最高の状態の自分でいられることを望み、これをコーチング・セッションのトピックとすることに決めました。ウィリアムの状況に対する適切なコーチングのツールは、ステート・マネジメントであると思われました。

　ウィリアムがコンテクストとして選んだのは、プレゼンが行われる会社の会議室でした。以前にも一度打ち合わせでその会議室を訪れたことがあり、今回の決定には2人のマネージャーが関わることも把握していました。プレゼンは、この2人のマネージャーと、その会社のCFO（最高財務責任者）とCEO（最高経営責任者）も参加することになっていました。これはパフォーマンスに関わるコンテクストであることが明確でした。プレゼンが始まる前、彼は資料を整理し、パワーポイント資料やその他の資料が適切ですぐに使える状態であることを確認し、会議室での準備をすべて整えるために10分前には到着したいことを2人のマネージャーたちにも伝えることにしていました。そしてプレゼンが終了した後は、契約の成立を祝っていることを願いました。

　ウィリアムのゴールは彼らを「あっと言わせる」ことでした。彼は、明るく、プロフェッショナルで、熱心、そして生じる可能性のある様々な質問に対応する十分な準備ができている状態を意図していました。また、自分が最高の状態でいられるのは、売上アップというゴールをいったん意識から外し、その場にいる人々やその瞬間に集中できている時だと述べました。このステートに入っていることの証拠として、背筋を伸ばして姿勢良く立ち、体の中で物事が滑らかにスムーズに流れていく感覚を持ち、頭は冴えて集中した状態、そして陽気な気分である自分を想像しました。

　どのようにしてそのステートに入るのかと尋ねられると、ウィリアムは2つのことを思い出すと助けになると言いました。1つ目は、自分の会社や自社製品に対する彼の信念、そして2つ目は、自分がどれほど人好きであるか、そして「上層部の役員たち」も1人の人間であると思い出すことでした。彼らも人間であるということに意識を向けると、彼らとのつながりを感じ、彼らの主張を聞いてみたいという気持ちになり、自分の提案がしっかりと理解されているかどうかを確認したくなるのだと言います。「売らなければ」という気持ちが原動力ではなくなり、最高のプレゼンテーションができる自信へとつながると感じました。

　このステートを維持する方法は、最終結果ではなく、プロセスやそこにいる人

たちに集中することでした。この自信のあるステートが崩れてしまった時には、その場に集中するためのセルフ・アンカーや、プロセス・アンカーとしてパワーポイント資料を使うこと、周囲の人々に意識を向け続けること、そしてマネージャーたちと築いてきたラポールを利用することなど、ステートを取り戻すためのいくつかの方法も特定しました。

　ステート・マネジメントの質問に答える度に、ウィリアムの自信は増していくようでした。プロセスが終わる頃には彼は紅潮し、最善を尽くせる確信があると言いました。次のセッションの日にウィリアムは次のように報告してくれました。結局、願っていたようにプレゼンの終わりに契約締結とはならず、先方に署名をもらうことはできなかったが、ステート・マネジメントのプロセスは見事にうまくいき、自分は最善を尽くしたと感じられた。

　そして、プレゼンの2日後に相手から詳細を詰めたいと連絡があり、その翌日には契約が結ばれたとのことでした！

ステート・マネジメントのケーススタディ2

　フレッドは、新しい役職に就こうとしていました。その選考過程に取締役会との面接が含まれており、少し緊張していました。フレッドはまず、上記のステート・マネジメントのプロセスを用いてコンテクストを詳細に検討してみました。そして、面接中に自分が入っていたいステートを特定しました。それは、流ちょうに話せるような明瞭な状態であり、柔軟性があり、温かく、確信を持ったステートでした。それぞれのステートに対し、フィジオロジーおよび精神面でそれが達成できていることの証拠も特定しました。そして、どのようにこれらのステートにアクセスするかを決めました。

　次に彼は、それぞれのステートに入っていた時の自分を思い出しました。心の中でその時の体験に戻り、今まさにそれが起きていることであるかのように再体

験しました。そしてその時の自身の感情や、体がどのように感じているかを特定しました。こうしたワークを行う時は、やはり立った状態の方がステートに非常にアクセスしやすくなることにも気づいたそうです。

　彼の場合、そのステートをよみがえらせるには言語を使うことが自分には合っていると思いました。例えば、確信のあるステートにアクセスするには「私は、私が知っているということを知っている」と説得力のある声のトーンで言いました。温かさのステートを引き出すには、「私はあなたがここにいてくれて嬉しい」と思いながら集団にいる一人ひとりを見ていることを想像しました。

　さらには、それぞれのステートを促進してくれる身体の姿勢も特定し、そのステートをどのような時でも高めてくれるような身体の動かし方も探っていきました。

　また、狡猾な質問をされたり、取締役メンバーに失礼な態度を取られたりなど、何が起きたら彼のバランスが崩れる可能性があるかを考えました。そして、ステートが維持できると確信するまで、簡単には答えられない質問や不快な振舞いに対処する練習を行いました。

　彼はその後、面接は「楽勝」だったとコーチに報告してくれました。

第 5 章

テクニック

アプリシエイティブ・インクワイアリー

　アプリシエイティブ・インクワイアリーとは、社会構成主義者の理論を基に開発された、個人や組織を発展させるためのアプローチです。人間のシステムとは、その中で暮らし、働く人たちによって築かれ、創造されていくものです。アプリシエイティブ・インクワイアリーは 1987 年、ケース・ウエスタン・リザーブ大学のウェザーヘッドマネジメントスクールにて、デービッド・L・クーパライダー博士とスレッシュ・シュリーヴァスタヴァ博士による研究が開始されて以降、急速な発展を続けているテクニックです。

　従来の変革管理は、欠点に着目した上で間違っているものを修正することに焦点を当てており、システムに何らかの問題があることを前提としたアプローチです。一方、アプリシエイティブ・インクワイアリーは強みに着目し、正しいものやシステムで機能しているものに向かって一直線に照準を合わせます。自分が大切だと思えるものを見つけ、それを探求し、対話し、個人や組織の中にある肯定的な原動力を固めることを目的としています。

　アプリシエイティブ・インクワイアリーは考え方であると同時に、実践することができる一連の手法でもあります。現在までに、大企業の組織的変化、社会制度やグループの体系的変化、そして個人の変化に適用されてきました。

　人は自らの強みを活かして物事を進めている時の方が成功しやすく、より幸せな人生を手に入れることができます。アプリシエイティブ・インクワイアリーモデルが効果的なコーチングの基本的な枠組みを提供してくれる理由は、人の強みを特定してそれを活用してく方法だからです。基本的な考え方はシンプルで、自分が大切に思っている資質（強み）を見つけ、それを探究していきます。探究は、後ろに戻り、内面に入り、前方に進むという流れになっています。

アプリシエイティブ・インクワイアリーを用いる理由

・最高だった過去の体験を未来へと持ってくる
・強みを特定し、それを活用し、さらに強化していく

アプリシエイティブ・インクワイアリーがもたらすもの

・特定の状況に役立つリソースを提供してくれる
・経験から学ぶための規範を提供してくれる
・コーチングのコンテクストにおいて、効果的な質問を行う基本的な構成を教えてくれる（後方—内面—前方）

手順

1. 自分が大切にしている自分の一面（例えば、何らかの行動、価値観、または長所）、または自分が属するシステムにおいて自分が大切にしているもの（例えば、会社の活動、会社の価値観、会社の強み）を特定します。

2. 後方に戻る：その活動、価値観、または強みが活かせていた時のことを思い出します。あなた（またはクライアント）が実際の体験を思い出し、再体験することで、このプロセスの効果が大いに高まります。

3. 内面に入る：その体験がうまくいった条件や要素を特定するために、相手が（または自分が）それを再体験している状態で探究をします。質問の仕方や考慮すべき事柄については以下の通りです。

a. 条件
　・その強みを活かせたのは、どのような環境条件があったからですか？
　・その強みを活かすことができた時、他者やシステムはどのように役立ちまし

たか？

b. 要素
 ・どのようなステートがその強みに紐付いていますか？
 ・あなたのゴールは何でしたか？
 ・その強みを活かすために何をしましたか？
 ・どのようにそれを行いましたか？
 ・どのような要素のおかげで強みを活かすことができましたか？

c. ビリーフとバリュー
 ・どのような信念や価値観が、その強みを活かしやすくしてくれますか？
 ・その実現に、あなたが担った役割は何ですか？

4. 前方に進む：「内面」から学んだものを現在や未来へ持って行きます。学んだ
 ものは、ほぼすべての状況に適用することができ、その強みが自然に起こる
 状況に限定する必要はありません。実際に、条件、要素、信念、価値観、貢
 献したものは、コーチングのコンテクストにおいてあらゆるゴールや問題解
 決に役立つたくさんの材料を（それも驚くべき方法で）もたらしてくれます。
 「ここで学んだことを（目標または問題に対して）どのように使うことができ
 ますか？」と尋ねてみましょう。

手順1　大切にしているものを特定する

あなた自身について、あるいはシステムにおいて大切にしているものを特定する（活動、価値観、個人あるいは会社の強み）

手順2　後方に戻る

実際の体験を思い出す（活動、価値、強み）

手順3　内面に入る

その体験を再体験し、それについて話す。そして、次を特定する
- 条件：その体験に役立った外部の条件は？
- 要素：他にどのような要素が役に立ったか？（ステート？行動？貢献したもの？）
- 信念／価値観：どのような信念や価値観がその時に働いていたか？

手順4　前方に進む

手順3で明らかになった要因や要素を現在や未来の状況へ持っていく

アプリシエイティブ・インクワイアリーのケーススタディ

　ジュリーは、仕事で行き詰まっていました。彼女は社内で研修アカデミーを設立するプロジェクトを担当していましたが、このプロジェクトにあまり献身的ではない別の部署のメンバーとの協力が必要で、プロジェクトは予定より遅れていました。彼女が在籍する以前から、この2つの部署は険悪な関係に陥っており、自分に対して積年の恨みをぶつけようとしている人がいると感じていました。ジュリーは上司に不平を言うよりも、自分自身でその問題を解決することを望んでいました。

　ジュリーはアプリシエイティブ・インクワイアリーを用いて、数年前の大規模な展示会にて、共に取り組んだ事業団体との素晴らしい協業を体験した時のことを思い出しました。その団体では、まったく異なる立場にいるメンバーたちでさえ、主な業務が展示会プロジェクトとは無関係だった人も含め、全員が高いレベルの協力体制を取っていた事実を目撃しました。傘下にある組織のスタッフも、ボランティアでプロジェクトを助けてくれました。彼女はその時の協力体制に存在していた要素や条件として、次のようなものを挙げました。

・成果に対する高揚感の共有
・互いに助け合う意欲
・障害に対処する時の創造性
・可能なものと不可能なものが明確になっている
・メンバー同士が時間や業務を依頼し合うことができる（上から下への指示だけでなく、メンバー同士が互いに）
・互いの任務や時間的制約に対する尊重

　協業を促進する上でジュリーが貢献できると感じていたのは、彼女の熱意でした。その熱意によって、事業団体のメンバーが誇りに思えるような立派な展示会のビジョンをはっきりと周囲に伝えることができました。彼女が特に印象に残っていたのは、自分がゴールを二重構造にして周囲に伝えていたことでした。1つ

目はタスクを完遂すること、そして2つ目は、相手が彼女を助けられない、または助ける気がない場合に、前に進むためのアイディアや情報だけを提供してもらうことでした。

　勝算のない状況で成功をつかみ取ることができれば、どれだけ素晴らしいだろうとジュリーは考え、どのようにして困難な時を切り抜けてきたかを思い起こしました。彼女にはスタッフもいなければ、実際の権限もなく、リソースもほとんどない状況だったので、このプロジェクトを実現するためには、周囲の人たちの力が必要でした。しかし、彼らは既に自分たちの業務で多忙を極めていました。

　自分は組織の政治に巻き込まれ、プロジェクトのビジョンを見失っていたのだと彼女はすぐに気づきました。さらに、自分の上司を利用することも避けていたことにも気づきました。他部署に対する懸念を口にすることは非難であると受け止められるのではないか、そしてこれにより状況がさらに悪化するのではないかと恐れていたからです。ジュリーはこの2つの状況の間における類似点と、その時の経験で学んだすべてのことをどのように現在の状況に活用できるかに気づくことができました。

　ジュリーは自分がすべきことを明確に理解したのです。まずは、組織内で名声の証となるような優れた研修アカデミーというビジョンを、再び活性化する必要がありました。周囲の人々のプレッシャーを軽減することで参加しやすい環境を作るために、ビジョンを組み込んだ要求をまとめることができると確信しました。過去の組織内の問題にとらわれることなく「見事にやってのける」ことについて、また、これを達成することで彼女の仕事や考え方全体に一層磨きがかかるのではないかと思うと、胸が高鳴りました。

グレゴリー・ベイトソンの問題解決ストラテジー
（ロバート・ディルツ考案）

グレゴリー・ベイトソンの問題解決ストラテジーとは

　グレゴリー・ベイトソンの研究からロバート・ディルツによって翻案されたこのテクニックは、人生経験を用いることで問題を解決したり、困難または挑戦的な状況において新しい視点を得たりするために活用できるものです。問題を解決するためのリソースを、その挑戦や困難にまったく関係のない人生経験から得るという点が、このテクニックのユニークなところです。問題に比喩的なフレームをかけ、状況に対するクリエイティブな解決策を見つけ出すために、過去の人生体験を活用する手法です。

グレゴリー・ベイトソンの問題解決ストラテジーを用いる理由

・問題を解決する
・困難または挑戦的な状況に対し、新たな視点を得る
・「行き詰まったステート」から抜ける、または乗り越えることができる

グレゴリー・ベイトソンの問題解決ストラテジーがもたらすもの

・クライアントの人生経験に既に存在しているリソースにアクセスできる
・メタファー（比喩）を用いて、問題に対する創造的な解決法を見出す

手順

　このテクニックは、「空間のアンカリング」を用いることで効果を発揮します。空間のアンカリングは、プロセスの様々な側面や手順を異なる場所に紐付けることで、それぞれが混ざることなく、区切ることができます。自分の目の前に3つ

の物理的な場所を作って、以下のように配置します。

問題の場所		リソースの場所

観察者

1. 「勉強に集中できない」など、行き詰まっている問題について考えてみましょう。

2. 問題の場所に入り、問題の状況にアソシエイトし（自分自身の視点から状況を捉えること）、その状況で起きていることを体験します。

3. 問題の場所から出て、観察者の場所へ入ります。

4. 問題の状況にまったく関係なく行っていることで、アイデンティティ、使命、創造性、情熱などの感覚をあなたにもたらしてくれる、あなたにとってリソースである活動や能力（例：スキー）について考えてみましょう。

5. リソースの場所に入り、そのリソースの体験にアソシエイトします。

6. リソースの場所から問題の場所を見てみます。リソースとなる状況の中で、問題の状況を比喩的に作ってみます。つまり、リソースのある状況でその問題が起こったらどうなるでしょうか（例えば、スキーをしている時に集中できない状態になってしまったら、スキーの板がすぐに交差してしまいます）。

7. 問題への解決策を、その比喩的な状況から見つけ出します（例えば、スキー

板が交差してしまう時は、スピードを落とし、一方のスキー板を動かすことに集中し、もう一方の板は自然に沿わせるようにするのが最善策です)。

8. 比喩的な状況から抜けて問題の状況に戻り、見つけ出した解決策も一緒に持っていきます。最初に取り扱っていた問題に対して、その比喩的な解決法を置き換えて適用します（例えば勉強している状況に置き換えてみると、焦る気持ちを落ち着かせ、勉強するものを1つ選び、それに集中することで、残りは自然に追いついてくるという姿勢をとります）。

グレゴリー・ベイトソン「問題解決ストラテジー」のケーススタディ

　ラリーは司法試験に3度失敗していました。1週間後には、4度目の挑戦を控えていました。コーチング・セッションで彼は、どれだけ徹底的に勉強したか、模擬試験の成績がどれほど良かったかを説明しました。実際、模擬試験では合格レベルをかなり上回る点数を常に取っていたのです。しかし本番では、平静を失ってしまい、設問に惑わされ、制限時間内に終わることができずにいました。

　ベイトソンの問題解決ストラテジーを活用する際、ラリーは格闘家としての自身の練習をリソースのためのコンテクストに使いました。格闘技の練習という視点から問題について考えてみると、試験でうまくいかないのは、スパーリングの時に自分に意識が向きすぎてしまって、相手に意識が向いていないようなものだと気づきました。スパーリングの時の解決策は、相手に集中し、それまでの自分のトレーニングを信じ、体を自動的に反応させることでした。彼は、状況に対してパノラマのような視点を持つことが鍵になると気づきました。

　この考えを問題の場所に持って行き、パノラマの視点で意識を外側に向けている自分を想像しました。そして、スパーリングをしている時の感覚を感じました。彼はすぐに気持ちがリラックスするのを感じ、試験問題に対してさらに有能に反応できると感じました。1週間後、ラリーは試験に合格しました。

ニュー・ビヘイビアー・ジェネレーター
（新しい行動を作り出す）

ニュー・ビヘイビアー・ジェネレーターを用いる理由

　ニュー・ビヘイビアー・ジェネレーターは、物覚えの早い人たちが生活に新しい行動を取り入れる時に使うメンタルプロセスをモデリングすることから開発されました。このテクニックを使うことで、新しい習慣を作って即座に生活に取り入れることも可能となります。そのため、クライアントが新しいスキルや行動を作り出し、実践できるようにコーチングする上で素晴らしいツールだと言えます。テクニックを正確に行うことができればその新しい行動はクライアントの生活の中で自動的に起こるようになり、意識的に思い出す必要がなくなります。

ニュー・ビヘイビアー・ジェネレーターがもたらすもの

　このプロセスでは、心的イメージとリハーサルを組み合わせることで、新しい行動を素早く学ぶことが可能になります。新しいが後の適切なタイミングで自動的に起こるように、「今、自分をプログラムする」のがこのプロセスです。

　例を挙げましょう。ある女性クライアントは、オフィスに着くとすぐにメール確認をするのだが、そこに集中しすぎてしまう自分に気づきました。メールを確認してしまうため多くの時間が取られ、本来優先すべき業務がこなせていなかったのです。代わりに、オフィスに着いたら一番にその日の計画を立てるという新しい習慣を取り入れたいと思っていました。ニュー・ビヘイビアー・ジェネレーターは、彼女が朝一番に計画を立てることを思い出させ、優先順位の高いタスクからこなせているという意欲が感じられるような、新たな習慣の作り込みに役立ったのです。

手順

1. あなたの望むリソースフルな状態になれない「行き詰まっている」状況を見つけます。その状況の中で自分が望ましくない行動を取っている映像を、まるで自分が出演している映画を見ているかのように見てみます。普段の自分がどのように行動しているかに注目しましょう。

2. その行き詰まった状況において、普段の行動よりうまくいきそうな行動を考えます。これまでの自分のあらゆる行動のなかでこの状況に適用できそうな行動が見つけられない場合は、新たに考え出した行動が起こせるふりをする（アズ・イフ）、または適切な行動を取っている他の誰かを思い浮かべ、その人をモデリングします。

3. 手順2で考えた新しい行動を取っている自分を、自分が出演している映画を見ているかのように見てみます。見えている映像に納得がいけば、手順4へ進みます。納得がいかない場合は手順2へ戻り、うまくいきそうな別の行動を見つけ、手順3でもう一度テストします。

4. 今度は、行き詰まった状況において新しい行動を実際に起こしていると想像します。その状況の中の自分に入り込んで、その状況が今起きているかのように体験します。新しい行動を体験してみて、これなら大丈夫と感じられた場合は、手順5へ進みます。そのように感じられない場合は手順2へ戻り、別の行動を見つけ、手順3へ進みます（納得がいくまで繰り返しましょう）。

5. 未来の適切な状況での新しい行動を心の中でリハーサルします。かつては行き詰まっていた状況においても、新しい行動を自発的に思い出させてくれる外部の何らかのきっかけを考えます。外部のきっかけ（例えば、その状況の中で聞こえる何か、目に入る何か）を想像し、新しい行動をしているあなた自身を感じます。新しい行動がアンカーされ、外部のきっかけによって自動

的に発動するようにいくつかの異なる状況を使ってリハーサルを何度か行いましょう。

ニュー・ビヘイビアー・ジェネレーターのケーススタディ

ジョンは、朝起きることに苦労していました。目覚まし時計が鳴るのは聞こえますが、スヌーズボタンを押して、寝返りを打ち、もうひと眠りしていました。彼は、時間ギリギリまでそれを繰り返し、慌てて起き上がると忙しく走り回り、会議に遅刻したり、疲れ果てた状態で職場に到着したりすることがしばしばありました。

もっと早く起きて、気分良く朝を過ごしたいと望んでいたのですが、プロセスで活用できる過去の行動を思い出すことができませんでした。なぜなら、大人になってから早起きをしたことがなかったからです。そこで彼は、朝起きることに苦労したことのない「超朝型人間」の友人を思い浮かべました。そして彼女が実際にどのように起きているのか尋ねました。彼女は「ベッドから飛び起きて準備万端」という感じで毎朝早起きができるタイプの人だったのです。

友人はじっくりと考えた末、目覚まし時計が鳴ると「起きる時間だよ」と自分に向かって言っていることに気づきました。この声が聞こえると、彼女はベッドから飛び起き、大きく伸びをするそうです。これを聞いたジョンは、良いアイディアだと思いました。

彼はニュー・ビヘイビアー・ジェネレーターのプロセスを用いて、繰り返しスヌーズボタンを押しては寝過ごしてしまう自分の姿を映像の中で見ました。次に、これに代わる行動をとっている自分の映像を見てみました。ベッドに横たわり、目覚まし時計のアラームが鳴って、「起きる時間だ」と自分に言い、ベッドから飛び起きて大きく伸びをしている自分の映像を見てみました。その光景が気に入ったので、それをリハーサルで試してみました。寝ている自分の耳にアラームの音が聞こえ、「起きる時間だよ」と自分に言い、ベッドから飛び起きて、大

きく伸びをすると想像しました。

　すると、「朝一番にベッドから飛び起きるなんてできるわけがない！」と自分の身体が訴えてくるのがわかりました。そこで、この一連の動きに少し調整を入れてみることにしました。目覚ましが鳴り、「起きる時間だよ」と自分に言う声が聞こえ、目覚ましを止め、次にゆっくりと身体を起こしてベッドに座り、身体を大きく伸ばすという方法です。彼はこれをリハーサルしてみました。この方がはるかにうまくいくと感じ、彼はこのプロセスを何度かリハーサルしました。この方法が見事にうまくいったことを後日、彼が報告してくれました。まさにその翌日、目覚ましが一度鳴っただけで、身体を起こして大きく伸びをしている自分に気づいたそうです。

リソース・ステート

リソース・ステートとは

　誰もが「行き詰まった」経験や、日常の中で起こる様々な問題にうまく対応できない経験をしたことがあるでしょう。このプロセスは、役に立たない反応を引き起こす状況に対する、新たな視点を手に入れることで、あなたやクライアントに新しい選択肢や反応をもたらします。

リソース・ステートを用いる理由

　リソース・ステートは、数多くのコーチングの場面に幅広く適用することができ、とりわけクライアントが不安、怒り、困惑を感じて行き詰まっている時、あるいは適切かつリソースフルに対応できない時に役立ちます。

リソース・ステートがもたらすもの

このプロセスは、クライアントがリソースのない状態に入っていることで健全かつ適切に物事に対応できなくなっている時に役立ちます。プロセスを成功させるためには、リソースが使えない状態を引き起こしている状況におけるトリガー（引き金となる言葉、声のトーン、非言語の行動、場所など）を特定することが重要です。クライアントがいったん自らの状況から切り離し、リソースを集めて、より多くのリソースを持ってその状況に戻れるように助けることが、このプロセスの基本的な考え方です。適切に行われると、クライアントにとってその状況は劇的に変化します。

手順

1. 引き金となる状況の例をクライアントに特定してもらい、自分の中の望ましくない反応に気づき始めたタイミングの、その状況と自分に入ってもらいます。

2. クライアントを状況からディソシエイトさせるために、まずは深呼吸をしてもらい、一歩下がってその状況の中にいる自分を観察してもらいます。ディソシエイトの感覚をさらに強めるために、分厚い強化ガラスを通して自分を見ているように想像してもらいましょう。

3. ガラスの向こうに見える「自分」は、どのように反応するのが最も適切なのかを特定してもらいます。ここで特定した反応の完璧な表象を作ってもらいましょう。新たなリソースとなる適切な反応を見つけるには、次のような方法があります。

　　・巨人になったような気持ちで、上から全体像を眺めてみる
　　・見ているイメージが静止画の場合、動画にしてみる

・自分の中で見ているその状況の映像を一時停止して、映像から抜け出ると想像する。映像から抜け出た状態で、リソースとなる適切な反応をしている自分をしっかりと感じたら、再び映像に戻る

・今から 10 年後の視点からその状況を考えてみる

・適切な場合は、その状況にユーモアを加えたり、その状況の要素を辻褄の合わないものに変えてみたりする。例えば、遠くから状況を見ながら、聞こえてくる音を子犬の鳴き声に変えてみたり、その場面に BGM をつけたり、状況の映像を半分の速度で、クライアントの映像は 2 倍速にしたり、その状況が完了する前に、クライアントを映像から飛びさせたりする

・穏やかなステートをアンカーしてから状況を外側から観察し、次に状況の中に入ってもらう

4. 適切だと感じられる新たな反応が特定できたら、その反応と共に、その状況に戻ることで再びアソシエイトしてもらいます。特定した反応がうまくいかない場合、あるいは調整が必要な場合は、手順3、4、5を繰り返しましょう。一貫性のあるポジティブな解決策が見つけられたら、それをストラテジーとして習得できるように、プロセス全体（手順1から5）を繰り返してもらいます。

5. 習得した新しい行動を現実世界へと橋渡しするために、未来で起こりえる状況のなかで手順1から5をリハーサルします。

6. その状況の未来または過去の例をクライアントに考えてもらい、どのような反応が起こるのかを観察してテストします。

手順1	手順2	手順3
クライアントに、望ましくない反応をしてしまう状況を決めてもらい、その状況のなかで、望ましくない反応をしていると気づいた瞬間に自分を戻してもらう	クライアントに深呼吸することで状況からディソシエイトしてもらい、状況から一歩出て、状況の中の自分を見てもらう。状況と自分とが切り離されている感覚を強めるため、強化ガラスを通して状況を見ると想像してもらう	ガラスの向こうにいる「自分」にとって最適な反応を特定してもらう。これを「新たな反応」とし、完全な表象が作れるようにサポートする

リソース・ステートのケーススタディ

　アイリスは、批判的な同僚の相手をするのに苦労していました。仕事を進めるためには、その彼と付き合っていく必要がありましたが、彼を避けている自分がいることに気づいていました。たまたま彼女がコーチングを受ける日に、この問題が悪化するような出来事が起こりました。

　その日、コーチングに来る前のスタッフミーティングで、彼に何度も自分の報告書を批判されたのです。彼女はまず、心の中でそのミーティングの状況から一歩出て、観察者のお維持ションから、ミーティングをしている時の自分を観察しました。こうすることで彼女はその状況から距離を置句ことができ、上記で説明した手順を用いて新たなリソースを加えることができました。

　彼女は新たな視点やリフレーミングをを可能とする、上記のすべての方法を試しました。必ずしもすべての方法を試す必要はなく、直感的に最大の変化をもたらしそうな方法だけを選ぶことも可能です。プロセスが終わる頃には、リソースフルな新しい考え方を手に入れたアイリスが、以前の怒りの感情を取り戻すことはなくなっていました。

ここで覚えておくべき大切な点は、状況の中の他者を変えようとすることではなく、クライアントにエンパワーメントを与えることが、このプロセスの目的だということです。しかし後に、アイリスは驚くような結果を報告してくれました。驚くような結果ではありましたが、私たちの経験上、これまでにも起こってきた結果でした。

　その同僚が彼女に対する態度を変え、彼女を批判することを自発的にやめたのです。問題となっていた状況において、彼女自身が新たな視点を持ったことで、その同僚もこれまでとは異なる反応を示すようになったことが明らかでした。

創造的な問題解決のプロセス：リフレーミング
～意識的なコーチングのプロセスとしてのリフレーミング～

リフレーミング（「リフレーミング」の説明は、109 ページ「リフレーミングとは」を参照）

　このプロセスは、システムのエコロジーを尊重すると同時に、創造的に問題解決に取り組むことを意図しています。人は誰しも、後から後悔するような行動をとってしまうものです。こうした行動は選択肢を制限してしまうため、ついやってしまうこうした行動を変えたいと願う人は多いでしょう。このリフレーミングのプロセスを用いることで、クライアントが問題の行動に対処し、コンテクストにも適切で、クライアント本人や影響を受ける周囲の人々にも適した、新しく力を与えてくれるような選択肢を作り出すための手助けができます。

リフレーミングをする理由

　このプロセスは、内面での抵抗や、システム的な反発を最小限に抑えながら、問題の行動への創造的な解決策を見つけられるようにクライアントを助けるものです。このプロセスの前提となるのは、問題の行動を含み、あらゆる行動には、

その行動を起こすことのポジティブな目的が存在するという事実です。この考え方に基づき、それぞれの行動のポジティブな目的を尊重しながら、そしてその目的を満たしながら、行動を変えることを可能とするのがこのプロセスです。例えば、タバコを吸うことはその人をリラックスさせてくれるのかもしれません。リラックスするための代替的な行動がなければ、禁煙することも難しいでしょう。つまり、その人にとって同じくらい即効性があり効果的なリラックス方法を見つける必要があるということです。

手順

1. 変えたい行動を特定します。

   リフレーミングは、本当はやりたくないのに、ついやってしまう行動に対して最も効果的です（時間にルーズ、あるタスクに着手することを先延ばす、三日坊主など）。その変えたい行動を一言で表現してもらいます。そして、いつどこでその変えたい行動が起きるのかを詳しく探ります。こうして明確に特定したものを「現在の状態」とします。

2. 行動そのものと、行動を起こすことのポジティブな目的を切り分けます。

   「その行動を起こすことで、あるいはその行動を避けることで、あなたには何がもたらされますか？」と尋ねることで、その問題の行動のメタアウトカムを見つけます。その行動を起こすことで得られる恩恵、つまりその行動の肯定的意図が特定されるまでこの質問を繰り返します。

3. 新しい選択肢を試してみることに同意を得ます。次のように尋ねます。

   「（肯定的意図を満たすために）現在行っていることと同じ、あるいはそれ以上の結果をもたらすような、あなたが取れる可能性のあるほかの行動や振る舞いがあれば、それらを発見することに興味はありますか？」

   （答えが「いいえ」の場合は誤解が生じていることを示しているため、質問の仕方を変えましょう）。

4. その意図を満たす代わりとなる行動を作り出します。

クライアントが創造的なステートにアクセスできるようサポートし、その肯定的意図を満たす新しい方法を少なくとも3つブレインストーミングします。新しい選択肢が、目的を果たす上で以前の行動と同じように即効性があり、パワフルで、効果的であることを確認します。

5. その変更を行動につなげます。

（想像上の）未来の適切なコンテクストの中で新しい行動を試し、実際にどのように作用しそうかを確認します。クライアントに、実際にその新しい行動を取ることについて責任を負う意欲があるかどうかを尋ねます。クライアントが行動責任を負うことを望んでいるかを確認し、その意欲がある場合は、適切なアカウンタビリティ（実行できたことをコーチに報告する方法）を設定します。

6. 「この変更を行った結果として起こりうる不都合な点、心配事、問題は何かありますか？」と尋ねます。

答えが「ある」の場合は、懸念が十分に晴れるまで、新しい行動を修正します。懸念がない場合は、次に、望ましい未来の状況を使って心の中でリハーサルを行うことで、これらの新しい選択肢を強化していきます。

創造的な問題解決のプロセス　ケーススタディ

　ジョージの部署は典型的な問題を抱えていました。それは、スタッフのほとんどが週次のスタッフ会議に遅刻することです。スタッフたちに時間を守るよう繰り返し指導したものの成果はなく、ジョージは解決策を見つけるため上記の手順を試してみました。

　スタッフの肯定的な意図は、大半が時間の無駄使いを避けることでした。ぎりぎりに会議室に到着すれば、ほかの人が現れるのを待つという無駄な時間を過ごさなくて済むと感じていたのです！　もちろん、この考え方によって会議の開始

時間はどんどん遅くなり、問題の「解決策」だったはずの方法が実際には遅刻者を増やし、かえって会議時間を長引かせていました。

　グループでブレインストーミングをしたところ、すぐにシンプルかつ実際に機能する解決策にたどり着きました。会議の時間が毎週火曜日の朝一番に変更されたのです。スタッフのほとんどが会議をその日の朝一番の業務とし、会議より前に他のことに取り掛かるということはありませんでした。

クライテリア（価値基準）を明確にする

フォーカス社のダン・トーマスの開発に基づく

　仕事とは、大部分が決断とコミットメントの連続です。このプロセスは仕事の場面を想定して開発されましたが、他にも人生のあらゆるコンテクストに適用できます。多くの人が葛藤を覚えたり、誤った判断をしたりする理由は、自分自身の明確なクライテリアを持っていないからです。コーチは、特定のコンテクスト（仕事、結婚、子育て、友人関係、プロジェクトの協業など）、あるいは車や家の購入のようなその他のコンテクストにおいて、本当に大切なものをクライアントが判断する手助けができます。

クライテリアを用いる理由

・人生の様々な領域において、より良い選択や判断を下すため
・充実した人生を見出す可能性を高める
・人生の質を向上させる

クライテリアを明確にすることで得られるもの

・人生の特定領域で大切なものを明確にする

・判断を下すための基準を明確にする

・クライテリアが正しく整理され、順位付けされていることを確認する

「クライテリア（価値基準）」と「価値観」について

　私たちは、自分たちにとって重要なものに基づいて世界を評価し、選択を行っています。価値観とクライテリアは、どちらも自分にとって大切なものを表現するために使われる言葉であり、中には価値観でもあり、クライテリアでもある言葉が存在します。

　この２つの違いを説明すると、まず価値観は、より一般的で、特定の行動や状況だけに限定されない、大切に思うものです。多くの場合、人生のあらゆる場面で共通し、多くの状況に当てはまります。そして自分が進むべき方向性を示し、人生の満足度を決定します。例えば、あなたが「自由」を大切にしているとします。しかし、自由の意味や、自由という価値観が満たされているかどうかを決めるのは、コンテクスト次第という場合があります。パートナーとの関係における自由は、仕事における自由と大きく異なる可能性があるでしょう。

　一方のクライテリアは、より具体的で、特定のコンテクストと結びついています。クライテリアは特定のコンテクストで、あなたが求める行動や条件を教えてくれます。例えば、「フレックスタイム制」は仕事におけるクライテリアとなり得ますが、パートナーとの関係においては当てはまらないでしょう。またクライテリアは、価値観を満たしているかどうかを判断する手段にもなります。「フレックスタイム制」というクライテリアが満たされているのであれば、仕事において「自由」という価値観も満たされていることを意味するのかもしれません。クライテリアは、決断を下し、何が容認できて、何が容認できないかを判断しやすく

するために用いられることができます。

次のエクササイズのタイトルを「クライテリアを明確にする」とした理由は、クライアントに特定のコンテクストや役割を熟考するように求められるからです。そして、そのコンテクストや役割の中で最も大切に思っているものを特定することができます。こうした理由に基づき、このエクササイズでは価値観ではなく、クライテリアを探究する方法をご紹介しています。

注記：クライテリアとメタプログラムの関係性については、48ページをご参照ください。

クライテリアを明確にするエクササイズ

手順1：コンテクストを特定する

明確化や改善を必要とする人生のどのような領域も、コンテクストとして使うことができます。例えばキャリア、人間関係、ライフスタイル、健康など。

手順2：クライテリアを引き出す

次のように尋ねます。

「【コンテクスト】（キャリア、人間関係、仕事の役割など）で、あなたにとって最も大切なことは何ですか？」

相手の答えを付箋やメモ用紙などに大きめの文字で書きます（この時、相手の言葉をそのまま使うことが重要です）。

最初の質問への答えを書き取ったら、次の質問を繰り返します。

「他にも【コンテクスト】で、あなたにとって大切なことは何ですか？」

相手の答えが尽きるまで繰り返し尋ねます。一般的に6から12程度の答えが出てきます。大半の人が、12前後でクライテリアが底を突きます。

手順3：クライテリアに順番をつける

相手が答えた通りの順番で、用紙を床に置きます。そして、最も大切なものから最も重要でないものの順に用紙を並べ替えてもらいます。

「最も大切なものが最初に、最も重要ではないものが最後にくるように、クライ

テリアを並べ替えてください」

次に、順番を確認していきますが、これが非常に重要な手順となります。リストの一番上の用紙の隣に立ってもらい、こう尋ねます。

「【コンテクスト】で、最も大切なものは【クライテリア1番】ですか？」（相手が実際に述べたクライテリアの言葉を述べる）

答えが「いいえ」の場合、最も大切なものは何かを尋ね、用紙を並べ替えます。

答えが「はい」の場合、クライテリア2番の隣に立ってもらいます。

この時に尋ねる質問の言葉が非常に重要になります。

「次にあなたに尋ねることは非現実的に聞こえるかもしれませんが、頑張って答えてみてください。クライテリアの順位が付けやすくなります」

このような前書きを述べてから確認作業を始めます。

「【クライテリア2番】がなくても、【1番】さえあれば、それで大丈夫ですか？」

どちらか1つしか選べない、強制的な質問として尋ねます。この強制するプロセスは、実際にどちらが重要であるかを示してくれます。

クライアントの非言語を観察していれば、相手の答えを待つまでもなく、クライアントの気持ちを知ることができます。答えが「はい」の場合、次のクライテリアへ進みます。答えが「いいえ」の場合は、用紙の順番を入れ替えてもう一度質問します（注意：クライアントが一貫性を持って答えられない場合、別の価値観が存在している可能性があります。リストの1つとして出てきている場合もありますが、クライアントがまだ意識的に言葉として発していない場合も多くあります）。

ここでの順位が明確になったら、次のクライテリアへ進みます。

「ここまでのクライテリア（例えば【クライテリア1番】など）はすべて満たされているものとして、【クライテリア3番】はなくても【クライテリア2番】さえあれば、大丈夫ですか？」

リストにあるすべてのクライテリアが順番に並べられるまで、このプロセスを繰り返します。

手順4：欠けているクライテリアを確認する

クライテリアのリストを順番に並び替えたら、論理的なチェックを行って、欠けているクライテリアがないかどうかを確認します。例えば、「仕事において、あなたが大切に思うことは何ですか？」と尋ねたとします。「お金を稼ぐこと」「裕福になること」などが答えに入っていない場合は、クライテリアが欠けている可能性があります。次のように言ってみましょう。

「素晴らしいクライテリアのリストですね。しかし、気になることがあります。このリストはあなたの仕事に関するものですが、お金を稼ぐことに関連するものが何も見当たりません」

手順5：クライテリアを上に動かす、または新しいクライテリアをインストールする

「現在の状態」が明確になったことで、現状を知ることができます。今のクライテリアの順番があまりうまくいっていないこと、実際に問題の原因となっていることをクライアント自身がよくわかっているはずです。このように尋ねましょう。

「このクライテリアのリストで、変更したいものはありますか？」

欠けていたものを見つけた場合、順位を変える、または新しい価値観を追加することを望むかもしれません。

これまでの経験上、次のような傾向が多く見られます。

（1）一般的に、上位3〜4位のクライテリアのみが行動を起こすための真の動機になる

（2）1番の価値観を変えるためには、クライアント側にもコーチ側にも、十分に正当な理由が必要です。1番を変えれば、その人の人生が変わります。いつも通り、何かを変えることによるネガティブな影響に注意しましょう。

手順6：新しい階層を固定する

新たな価値観も加わり、クライアントが望む順番で価値観が階層化されたなら、この順位を固定していきます。まずはクライアントに最上位の価値観が書かれた

用紙の横に立ってもらい、その価値観がどれだけ自分にとって大切なのかを十分に感じることで、その場所にアンカリングします。次に、1つ下の価値観が書かれた用紙の横に立って、このように言います。

「そして、あなたが大切に思っている【1位のクライテリア】は、【2位のクライテリア】 によって支えられています」

適切な言葉を使いながら、1つずつ後ろに下がっていきます。

このようにしてクライアントに階層を最後まで歩いてもらいます。そして、並んでいるクライテリアの隣へ出てきてもらい、一貫性、エコロジー、妥当性などを外側から客観的に確認してもらいます。

最後に、最も低いクライテリアから始めて、上位の階層へ向かって歩きながら、それぞれの1つ上のクライテリアを支えるために下位のクライテリアを大切に感じていることをクライアントに言葉にして伝えながら、階層すべてをインストールしていきます。重要なことは、下位のクライテリアはすべて最上位のクライテリアを支えるためにあるのだという理解とともに、クライアントが最上位のクライテリアにしっかりとアソシエトできている状態でプロセスを終了させることです。

クライテリアを明確にするケーススタディ

　マージョリーは、成人した若い息子のブライアンと、夫のトムとの間で続く緊張関係は、彼女と娘にとって大きなストレスの原因となると話してくれました。そして、彼らが意見の相違を解消して仲直りしてくれること、家庭内の調和を取り戻すことを心から望んでいると強調しました。休暇シーズンも近づいており、そのような時期のに家の中で2人が対立することを考えるだけで、彼女は気が重くなりました。

　私たちはクライテリアのプロセスを用いて、家族というコンテクストにおいて彼女が大切に思うものは何かを探りました。調和、共に時間を過ごすこと、共有、お互いをサポートすることなど、彼女は様々なクライテリアをリストアップしました。カードに１つずつクライテリアを書き、出てきた順番で床に並べました。優先順位を確認して階層化してみると、調和という価値観が一番上に来ました。

　ここでマージョリーは気づいたのです。調和という価値観を重要視するあまり、他のことが見えなくなっていたのだと。この１つのクライテリアを過剰に強調しすぎて、他のクライテリアを疎かにしていたからこそ、過度のストレスを感じていたのです。この洞察を得ただけで、彼女の視点は変わりました。

　彼女には一歩下がった視点で考えてもらい、重要なクライテリアが欠けていないか確認してもらいました。私はマージョリーが愛を大切にする優しい人だと知っていたのですが、彼女のリストには愛が含まれていなかったため、そのことを伝えてみました。彼女はすぐに、愛はリストに含まれるだけでなく、一番大切なクライテリアだったことをはっきりと感じました。愛をリストに加えて順位を整理した時、彼女は、家族のメンバーに対してとてつもなく大きな安心感を抱きました。家庭内の調和に意識を向け過ぎていたばかりに、愛というすべてを包括するクライテリアが見えなくなっていたことに改めて彼女は気づいたのです。

　この洞察を得たおかげで、彼女は家庭内の不調和に対する不安を少し手放し、たとえ意見の相違があったとしても愛が確実に存在していることに気づけるようになりました。そして夫にも息子にも、とにかく問題を解決してほしいとうるさくせがんでいた自分に気づきました。そして夫と息子に対して、２人がどのように意見が食い違っていたとしても自分は２人を変わらず愛し続けると伝えたと後日、彼女は教えてくれました。数週間経たないうちに家庭内の雰囲気が明るくなっていったそうです。息子のブライアンも彼女の変化に気づき、彼が家族を遠ざけていた本当の理由は、父親との不和と同じくらい彼女からのプレッシャーも感じていたからだと彼女に打ち明けたそうです。

ディズニー・ストラテジー
（ロバート・ディルツにより開発）

　ディズニー・ストラテジーは、NLP の創始者の 1 人であるロバート・ディルツがウォルト・ディズニーをモデリングすることで開発した、創造性を生成するためのプロセスです。このプロセスでは夢想家（ドリーマー）、現実家（リアリスト）、批判家（クリティック）という 3 つの異なるステートを活用します。それぞれのステートには、特徴的で互いに異なるフィジオロジー、姿勢、思考のパターン、感情があります。

ディズニー・ストラテジーを用いる理由

・成功のための非常に創造的なストラテジーを活用する

・明確なゴールを作る、または夢を現実化する

・ゴール達成のための明確な手順を計画する

・ゴールが特定のクライテリアを確実に満たせるようにする

・人が本当に望むゴールなのか、また、達成することで発生しうるマイナス点などを考慮しているかどうかを確認するために、相手の計画を評価する

ディズニーストラテジーから得られるもの

・ゴール設定とプランニングに明確なストラテジーを提供してくれる

・創造性を有効活用するために、役割を明確にする

・ゴールを評価し、改善するための手段を提供してくれる

各ステートの特徴

役割	心構え	活動
夢想家 （ドリーマー）	可能性を夢見るステート	夢想家は、「すべき」ことや「しなければならない」こと、あるいは「するつもり」ではなく、「なれる」や「できる」に興味があります。 夢想家のステートでは、視覚的なイメージ（視覚の構築、アイ・アクセシング）を使う人が多く、興奮や新たな可能性などといった気持ちを感じやすい。
現実家 （リアリスト）	ゴールを達成するための計画を立て、手順を特定するステート	現実家は、うまくいくかどうかや、その価値があるかどうかではなく、うまくいくにはどうしたらよいかに興味があります。 また、夢を実現するための手順を特定します。
批判家 （クリティック）	アウトカムに関連する計画を評価するステート	批判家は、計画の不備や欠けている点を見つけ、その計画で本当にゴール達成できるのか、ゴールのクライテリアを満たしているのかを判断します。 批評家が救済策を出すことはありません。 ディズニーは、計画から十分な距離を取り、十分に批評的に捉えることが重要だと述べました。こうすることで、自分や他者への批判を避けることができます。

手順

1. ゴールや望ましいアウトカムを特定する

　　ディズニー・ストラテジーは、より強固で完璧なアウトカムを作る上で役に立ちます。「適格に構成されたアウトカム」のプロセスと一緒に、または同プ

ロセスの後で使うことができます。

2. 夢想家のステートに入る

夢想家になりきって、ゴールを達成することで得られる恩恵や可能性のすべてを鮮明にイメージします。可能性を探求することができるよう、全体像を視覚的に想像します。

夢想家の唯一の役割は、ゴールに関連した可能性を生み出すことです。

3. 現実家のステートに入る

手順2で考えた可能性の1つを選び、現実家のステートに入ります。夢を実現するための手順を特定することがゴールとなります。普段、何かの計画を立てる時の自分を想像するとよいでしょう。現実家とは、物事をどのように実現させるかを考えるエンジニアのような人です。

4. 批判家のステートに入る

手順3で立てた計画から一歩離れましょう。この計画を批判的に評価できるくらいの距離を取ります。映画の批評家になったかのような気持ちで、素晴らしいと感じる部分もあれば、うまく行かないと思える部分もあるでしょう。そうした点も含め、計画における不備や欠けているものを特定し、この計画で本当にゴールが達成できるのか、ゴール達成によって満たされるはずのクライテリアや価値観との一致なども評価します。

5. 必要に応じて、手順2〜4を繰り返す

手順4で特定した情報を元に、批判家が満足できる、または前に進むための十分な計画となっていると安心できる状態になるまで手順2から4を繰り返します。

ディズニー・ストラテジーのケーススタディ

　デニーズは、毎年恒例となっている会社のパーティーのプロデュースを任されました。パーティー当日は会社の創立者が引退する日でもあり、今年一番の特別なイベントです。経営陣は、この引退パーティーをサプライズにしたいと考えていました。彼らはデニーズに予算額を提示し、大まかな方針を伝え、彼らが検討を進められる計画案を出すよう求めました。デニーズがこの件をコーチング・セッションで持ち出したため、私たちはディズニー・ストラテジーを用いて彼女の計画を充実させるための手助けをしました。

　パーティーの目的を念頭に置きながら、デニーズは夢想家のステートに入りました。そして開催場所とパーティーのテーマについて、いくつかの選択肢を考え出しました。彼女が最も気に入ったテーマは、ハワイとゴルフを組み合わせたものでした。なぜなら創立者はゴルフとハワイが大好きな人だからです。実際にハワイに行ってパーティーを開催することも考えましたが、予算内に収まらないこともわかっていました。そこで次に彼女が想像したのは、楽しいアクティビティが連続する、みんなで盛り上がれるイベントでした。ビーチチェアを並べたステージに創立者が座り、彼の功績を称えて全員が乾杯する……まるで本物の砂浜が見えてくるようなレイアウトです。室内はハワイをイメージした装飾が施され、ハワイの料理が並べられた「ルアウ式」パーティーです。

　次に彼女は現実家のステートに入って、このようなパーティーを実現するために必要なことを考え始めました。そして、以下の具体的な手順をリストにしてみました。

・300人の社員に加え、「引退サプライズパーティー」に駆けつけてくれるゲスト全員が収容でき、かつ予算内に収まるホテル会場や会議室を調べる
・ルアウ式パーティーのケータリングを調べる
・ハワイをテーマに会場の飾りつけを手伝ってくれる人を募る
・決められた予算内で装飾の材料を調達する

・パーティーでの出し物を決め、まとめる
・「引退サプライズパーティー」を秘密にしながら皆に伝える手段を確立する

　次に、この計画を批判家のステートで評価しました。計画から少し距離を置いた視点に立ち、前に進めるのに十分な計画であるか、計画のクライテリアが本当に満たされるのかを確認しました。このポジションから確認してみると、この計画は創立者の引退にだけ重点を置きすぎており、毎年恒例のパーティーの目的が考慮されていないことに彼女は気づきました。それに加え、ゴルフにも一切触れられていない計画になっていました。

　これら2つのニーズも満たす選択肢を生み出すために、彼女は気づいた点と共に夢想家のポジションへ戻りました。再び最初のビジョンを思い描きながら、さらなるいくつかの選択肢を考えました。そのうちの1つが、毎年恒例となっているスタイルでパーティーを始め、少し時間が経ったところでサプライズを行うというものです。スクリーンやカーテンのようなものが開くと、ゴルフとハワイをイメージするようなステージが姿を現し、砂を敷いたステージには、ゴルフのホールとピン、ゴルフバッグが置かれ、折り畳み椅子が並べられている様子を想像しました。

　この想像を現実家の視点から再び見て、改善点を反映するために必要な手順を特定しました。砂、椅子、ゴルフ用品などの手配はすべて、従業員やその家族から調達できると考えました。

　再び入った批判家の視点からは、引退を祝うアクティビティに関する情報をさらに埋める必要があるとわかりました。この部分を再び夢想家の視点で捉え、「これがあなたの人生」ゲームというアイディアを思いつきました。このゲームでは、創立者を昔から知る人々に創立者について語ってもらいます。そしてその人物に登場してもらう前に、わずかなヒントを頼りに創立者がその相手を当てるという形式です。彼女は現実家の視点から、創立者の過去から現在までの交友関係の中から参加してくれそうな人を特定し、彼らとどのようにゲームを進行できるのか

を確認しました。

　批判家からもたらされた最後の調整は、この計画をどのように経営陣に提示するかでした。このプロジェクトを3つの知覚位置から考察した彼女は、ウォルト・ディズニーに敬意を表してパーティーの「ストーリーボード」を作成することに決めました。この案と計画は経営陣に大好評で、全面的なサポートを約束してくれただけでなく、経費に関する彼女の調査に基づき、わずかながら予算も増額してくれました。

ビリーフ

本節は、NLP の開発者であるロバート・ディルツ氏の研究に影響を受けています。

ビリーフとは

　ビリーフ（信念／思い込み）とは、特定の何かを真実として受け入れること、あるいは、特定の何かが真実かもしれない考えることです。基本的にビリーフとは、自分自身、他者、そして私たちを取り囲む世界に対する判断であり、評価基準です。誰もがみな、自分に力を与えてくれるポジティブなビリーフと、自分の行動や思考に制限をかけるようなネガティブなビリーフを持っています。影響力の大きいビリーフのほとんどが私たちの意識の外にあり、日常的な思考や行動、人生経験全般に多大なる影響を及ぼしています。

　私たちは、ビリーフを通して体験を作り出しています。ビリーフは、新しいことを学んだり、経験することで変わることもありますが、多くの場合は、安定的に同じビリーフを持ち続け、自分で変えることはあり

ビリーフ
【名詞】

1. 他者を信頼または信用する精神的な活動や条件、習慣。（例）あなたに対する私の信頼は相変わらず強い。

2. 何かについての真実や現実性、確実性に対する精神的な受容や確信。（例）起きたことに関する彼の説明は信念に逆らっている。

3. 真実として信じられている、或いは受け入れられているもの。特に、特定の主義や個人の集合体によって受け入れられている主義団体。

【語源】
古典英語の「gelafa」の変化形で、中期の英語「bileve」が語源（信じることを意味する「bileven」から影響を受ける）。

【類義語】
信念、信用、信頼、確信。これらの名詞は、何かにおける真実や現実性、確実性に対する精神的な受容を意味する。「信じるに値しない声明」「着実に信用を得ている考え」「信頼に値する証言」「嘘つきの主張は信じない」など。

ません。ビリーフは、私たちに何ができるか、何を考えるかについての「許可を与えて」います。

　認定マスターコーチのジャン・エルフラインが述べたように、クライアントとワークをする際の最初の手順は、自分はビリーフを持っていると認識させることです。おかしな話に聞こえるかもしれませんが、自分のビリーフというのは、多くの場合、自分には見えないものなのです。

　私たちは、自分が想定していることがビリーフであると認識していません。その代わりに、それが世界の仕組みをただ、ありのままに描写していると考えたり感じたりします。疑問を抱くことも、調べることもしません。それどころか、ビリーフと現実をすぐに混同してしまいます。確かにビリーフは何らかの証拠に基づいていたり、現実を一部反映している場合もありますが、それでもやはりビリーフは現実を自分なりに描きだした「地図」であったり、よく似た「模型」に過ぎないのです。私たちは、自分のビリーフが示す生き方にだけ従う傾向があり、ビリーフが見せてくれる以上に世界は豊かで多様なものであるという事実を無視しがちです。

　自分の思考がどれだけ自分のビリーフに突き動かされているのかを知った時、クライアントは自分に役立つビリーフを作り出す選択をします。こうしてビリーフの変え方という話しへと会話が進んでいったりするのです。

　書籍『信じるチカラの、信じられない健康効果』（ヴォイス、2015 年）の中で、「自分は死体だ」と信じている男性の話が描かれています。精神科医はカウンセリングを重ね、この男性は実際に生きていることを彼自身に納得させようとしましたが、効果はありませんでした。最終的に、精神科医が「死体は血を流しますか？」と尋ねると、男性は「もちろん死体は血を流すはずがない。体内のすべての機能が停止しているのだから」と答えました。そこで精神科医は、男性の指を針で刺して血が出るかどうか確かめようと提案します。これに同意した男性は、自分の指から血が出るや否や、愕然とした様子でこう言いました。「こりゃ驚いた。死

体も血は流すのか！」

　この話は、ビリーフとその証明を論じる興味深い例です。ビリーフとは、それがビリーフであることを証明する矛盾した体験をしても簡単に変わるものではありません。一般的に、人はビリーフが真実であることを裏付ける証拠のみを取り入れたり、この話のようにビリーフを裏付けるように積極的に証拠を歪曲します。自尊心が低い人は、他者からいくら認められたとしても自分に価値があると感じることはありません。自分が無能だと考えている人は、どれほどの学位や資格があったとしても自分に能力があると確信することはありません。

　コーチとして、行動や能力のレベルに対して働きかけることができ、行動や能力に働きかけて、それらのレベルで変化が起こせることは、クライアントにとって価値ある体験となるでしょう。しかし時に、望ましい行動の変化が安定した後でさえ、クライアントは行動が変化した結果として期待できる恩恵を得られないことがあります。たとえ行動が変わっても、古いビリーフが今もなお采配を振るっているからです。

　その一方で、ビリーフが変容し始めると、より少ない労力で望ましく、持続的な行動の変化が起こります。古いビリーフが変化するにつれて、自らの行いを変えるのは自然で当たり前のことだと思えるようになります。そして以前の古い行動が違和感を生み出したりします。現在のビリーフを反映する新しい行動の方が、正しいと感じるようになるのです。

　またコーチングでは、能力に関するビリーフとアイデンティティに関するビリーフの両方に取り組む機会があるでしょう。人は、5歳を過ぎた頃から何を学ぶかを選択し、意識的にスキルや能力が発達していきます。成長するにつれ、自分の能力に関するビリーフがどんどん増えていきます。子どもが自分の能力に疑問に持つことはほとんどありません。子どもは、とりあえず何でもやってみる傾向があります。失敗してももう一度やってみるか、別の方法を試します。しかし年齢を重ねていくと、何度か挑戦してみて、フラストレーションが溜まっていく

と大抵の人は「自分にはできない」と思い込み、二度と挑戦しなくなります。コーチの立場から、クライアントが参照している古い証拠に疑問を投じることができます。つまり、どのようにしてクライアントは、自らの能力に対するビリーフを作り出したのかと問いかけてみることです。

　人は大人になると、学習曲線に沿って学びを進める忍耐力がなくなっていくため、すぐに苛ついて、自分には能力がないという結論に飛びつきたくなる傾向があります。人はどのようにして学ぶかを研究し、有名な「バンデューラ・カーブ」を考案したスタンフォード大学のアルバート・バンデューラによると、学びとは危機的状況を通過するためのプロセスだといいます。前に進むためには、自分は変化し、改善が可能な人間であると信じることが必要です。自分の能力を信じていれば、それに見合うようにしてパフォーマンスも向上します。逆に、自分の能力に疑問を持っているとパフォーマンスも下がっていきます。

　クライアントとワークをする際の前提として、変化や学びは私たちに内在するビリーフの影響を受ける過程であると思っておくと良いでしょう。コーチである私たちは、学びや変化のプロセスについて頻繁に語ります。たとえクライアントが何かで行き詰まったとしても、単なる躓きとして捉えるだけで、クライアントの懸命な努力をやめるべき証拠として捉えることはありません。

　人が自らのアイデンティティに対して持っているビリーフを、「私は〜だ」という形でよく発言します。つまりクライアントは、それが「本来の自分」であると想定しているのです。ここでもコーチは、クライアントの発言はビリーフなのだと提言することで、クライアントに挑戦をしかけることができます。そして、まるで洋服を試着するかのように、別のビリーフを試してみてはどうかと提案し、新たなビリーフを持ったことでどのような行動が生み出されるのかをみることができます。

　人はよく、アイデンティティ・レベルでの変化は難しく、不可能とすら感じている場合があります。しかし実際には、私たちは絶えず新たな自分を生み出し続

けているのです。そして、コーチングを受けると決めた時点で、クライアントは自分の人生を自らの意志で決めていくと決意したことになります。言い換えれば、自分自身のアイデンティティを創出しているということです。コーチが質問を投げかけることで、クライアントが生きたいと願う新たなアイデンティティが形成されやすくなっていきます。

ビリーフとは、有効なコーチングを行う上で重要なものです。ビリーフに目を向けるようクライアントに促すことができないコーチは、対個人だろうが、企業内だろうが、そのコーチングの成功が限定的なものとなるでしょう。

制限になるビリーフ

ビリーフは、人を力づける場合もあれば、制限する場合もあります。周囲に不可能だと言われることに挑戦する勇気を与えてくれたり、逆に、周囲が何を言っても不可能だと感じさせたりします。クライアントが制限になるビリーフを特定できるようサポートすることは、コーチにとって最も価値のあるスキルの1つです。制限になるビリーフは、次の4つに分類することができます。

1. 原因のビリーフ

出来事や体験の原因に関するビリーフです。このタイプのビリーフには、理由を示す「〜だから」「〜なので」等の表現が含まれる傾向にあります。制限になる原因のビリーフには、次のような例があります。

・私が成功できないのは、両親が成功しなかったからだ
・私は頭が良くないので、自分の欲しい物を手に入れるに値しない人間だ
・欲しいものを手に入れられた試しがなく、人生は苦しいものである
・私は貧しい家庭で育ったから、金持ちになってはいけない
・お金とは、苦痛の原因である
・私の成功は、家族を引き裂く原因となる

2. 意味のビリーフ

　物事の意味に対するビリーフです。人は、どのような時でも物事に意味を見出そうとします。例えば、自分が貧しい、あるいは金持ちであることは何を意味するのか？　その背景にある深い意味合いとは何なのか？　ビリーフに紐付けられた意味は、人間のビリーフ・システムに対するフィルターとしての働きを持つため、私たちの行動の指針となります。制限になる意味のビリーフには、次のような例があります。

・私が挨拶をしたのに、あなたは挨拶をしなかった。それはつまり、私のことが
　好きではないということだ
・お金は諸悪の根源である
・休みを取るということはつまり、君は怠け者だということだ
・仕事において感情は重要ではない
・仕事に遅刻をするということはつまり、仕事などどうでも良いということだ

3. 可能性のビリーフ

　ビリーフには、可能性や、自分にとって可能あるいは不可能なものに関するビリーフもあります。可能性のビリーフには、次の2種類があります。

①アウトカムを可能なものとして認識している

　可能だという認識がある場合は、無意識がそれを実行してもよいと許可していることを意味します。

②アウトカムを不可能なものとして認識している

　不可能だという認識がある場合は、欲しい物を手に入れようと挑戦することさえしません。例えば、景気が悪いから出世できないと信じていれば、そして、そのビリーフを強く抱いている場合、成功するために必要なことをしようともしません。さっさと諦めて、望むものを作り出すために何かをすることはないでしょう。制限になる可能性のビリーフには、次のような例が挙げられます。

・私には成功するための才能がない

・お金は管理することが難しい（私はお金を管理できない）

・私はお金の稼ぎ方を知らない

・大金はほかの人のためのものだ（私はお金を持つことができない）

・お金の稼ぎ方には謎が多い

・もしお金を稼いだら、私は失敗して全財産すべてを失う

・私がお金持ちになることは決してない

4. アイデンティティ

　アイデンティティのビリーフは、豊かさや成功を手に入れることに対する自分自身の価値や正当性に関連しています。制限になるアイデンティティのビリーフには、次のような例が挙げられます。

・私は成功できるほど優れた人間ではない

・私は欲しい物を手に入れるに値しない

・私はお金を稼げるほど賢くない

・私には生きる権利がない

・私には成功するほどの価値がない

・私のことを好きな人なんていない。私は負け犬だ

　制限になるビリーフには、特定の感情を生み出す傾向があります。次のいずれかの感情を抱いた場合、制限になるビリーフの影響を受けていると思って間違いありません。

1. **絶望感**：自分の能力とは無関係に、望むゴールは手に入らないものだというビリーフ。本当に不可能なので、欲しいものを手に入れられる望みはない。

2. **無力感**：望むゴールは達成可能だが、自分には達成する能力がないというビリーフ。自分は無力で、欲しいものを手に入れることができない。

3. **無価値感**：自分に非がある、または自分は「悪い人」だから、望むゴールに不相応であるというビリーフ。無価値感は、自分には価値がない、または自

分には相応しくないと感じさせるような行動を起こしたから、あるいは起こさなかったからという体験などから生じる場合もある。

ビリーフの持つパワーを物語るストーリー

かつては、人類が1600メートルを4分以内に走りきることは不可能であると考えられていました。そのタイムに近づいた人さえいませんでした。しかし1954年5月6日、ついにロジャー・バニスターが4分の壁を破ります。その偉業の達成を可能にしたのは、バニスター自身が1600メートルで4分を切ることは可能であり、自分には達成できると信じたことにありました。数週間後には、今度はオーストラリアのジョン・ランディーがその記録を1秒更新します。その後も記録は更新され続け、バニスターが偉業を達成してから9年間のうちに、200人近くのアスリートが1600メートルを4分以下で完走することに成功したのです！　この頃には、もはや世界中の人たちが不可能であるとは信じなくなっていました。

ステムビリーフ（根幹のビリーフ）とは

ステムビリーフとは、根幹にある強力なビリーフのことで、数々の小さなビリーフをまとめている核となるビリーフです。ステムビリーフを変化させることは非常に効果的です。その理由を比喩的に表すなら、一房のブドウのようなクラスター（集合体）を形作っている制限になるビリーフから芯の部分（ステムビリーフ）を抜くと、芯にくっついていたたくさんのブドウの実（つなぎとめられていた小さなビリーフ）がすべて落ちてしまうからです。ビリーフを根本的に変えることが困難なのは、ほとんどの人がビリーフの「芯」ではなく、それに支えられている個々の小さなビリーフにのみに対処しようとするからです。

この核となるステムビリーフに働きかけることなく個々のビリーフを永続的に変化させようとしても、難しい場合があります。アファメーションが時折うまく

いかないのは、このためです。一般的に、アファメーションはステムビリーフではなく、比較的小さく、あまり影響力のないビリーフが取り上げられたりします。

ステムビリーフの多くはが幼い頃に形成されるため、子どもっぽい単純な表現で述べられていることがよくあります。そしてステムビリーフは見つけることが難しいです。

しかしながら、正しい質問を使うことさえできれば、ステムビリーフを簡単に見つけることができます。初めてステムビリーフを認識した時、感情的になったり、涙を流す人もいます。

ステムビリーフを認識して受け入れ、感情的な状態を乗り越えると、それを癒やし、変容する過程を始めることができます。ステムビリーフを特定して変容させることに焦点を置くことで、ビリーフ変容に成功する確率が非常に高くなります。なぜなら、ステムビリーフは関連するビリーフのクラスターをつなぎ止めている根幹のビリーフだからです。

私たちがこれまでに見つけた最も一般的なステムビリーフには、次のようなものが挙げられます。

・お金を稼ぐためには、身を粉にして働かなくてはならない
・私は欲しい物を手に入れられるほどの有能な人ではない
・私には欲しい物を手に入れる資格がない
・自分よりもほかの人が優先されるべきだ
・私は存在しない。私にはここにいる資格がない

クライアントのビリーフ考察に役立つ質問および発言

・「あなたがそう言うのは、どのような真実があるからですか？」
・「（クライアントの発言をバックトラッキングして）なぜなら……？」

・「（クライアントが言った一文をリピートして）とは、どのような意味ですか？」
・「なぜ？」または「なぜ、あなたにとってそれが真実なのですか？」
・「そのことについてもっと聞かせてください」または「今言ったことをもう少し詳しく聞かせてください」
・「それがどのような問題になっていますか？」（そこが不明瞭な場合）
・「それはあなたについての何を意味していますか？」（アイデンティティについてのビリーフを引き出す）

ビリーフチェンジのプロセス
（ジャン・エルフィンが開発したテクニックを改良したもの）

　ビリーフを変容させるシンプルなやり方の1つが、クライアントの意識を1つのビリーフと、それを取り巻く思考、感情、行動に向けていくことです。次の「ビリーフ評価チャート」の質問に答えていくと、ビリーフを持ち続けることで危険にさらされるものを明確にできるため、ビリーフを更新したい、変容させたいという意欲を高めることができます。

ビリーフ	他のビリーフ	結果
信じていること	これが真実であるなら、他にも何が真実である必要があるのか？	これが全て真実なら、どのような行動を取る、あるいは取らないだろうか？

　このプロセスが具体的にどのような効果を生み出すのか、次のケーススタディで説明します。

ビリーフチェンジのプロセス　ケーススタディ

　ハイテク業界で成功を収めるべく必死に働いていたアンジーは、多岐に渡るプロジェクトにおいて、エンジニアやコンピューターデザイナーといった専門職の社員たちのマネジメントを任されていました。しかし彼女は、自身のキャリアに満足しているわけではありませんでした。自分と比べたら能力も才能も劣る男性たちが、女性である自分を差し置いて昇進していくのを見て、キャリアアップが著しく阻害されていると感じていたからです。このことは、コーチングのセッション中に何度か話題に上がっていました。その日、彼女はこの経験に対して持っているビリーフや考えを扱っても大丈夫な状態にあると私は判断し、「ビリーフチェンジのプロセス」を行いました。

　私は始めに、あえてこう問いかけました。「こうした経験の一部は、あなたのビリーフがもたらした結果ではないですか？」これに対し彼女は、ばかげていると当初は感じていました。見えない障壁が確実に存在する証拠と思えるものが、彼女にはあまりにも多く見えていたからです。そうした経験から導き出した彼女なりの結論を尋ねると、「女性は二流だ」という答えが返ってきました。この発言をビリーフとして扱い、「ビリーフ評価チャート」をできる限り埋めてもらいました。その時に完成した表がこちらです。

ビリーフ	他のビリーフ もしそれが真実なら、他には何が真実である必要がありますか？	結果 もしそれが全て真実なら、どのような行動を取る、あるいは取らないですか？
女性は二流だ	・ 男性は一流だ。 　女性と同等もしくは低い結果にも関わらず、女性よりも多くのお金や名声を手に入れる ・ 女性は常に価値が低いものとして扱われる ・ 女性は自分の存在価値を証明するために、男性よりも頑張らなければならない	・ 特に上司に対する激しい憤りや怒り ・ 諦めの感覚や行き詰まった感情。昇進を追い求めることを諦めた ・ 同僚の女性たちから同情の言葉をかけられる。 　その言葉は私を落ち込ませるだけだ

ビリーフ	他のビリーフ もしそれが真実なら、他には何が真実である必要がありますか？	結果 もしそれが全て真実なら、どのような行動を取る、あるいは取らないですか？
女性は二流だ	・ 私は女だから、もっと必死に働かなくてはならない ・ どれだけ頑張っても、欲しいものは手に入らない ・ 男性よりもタフでいなければならない。 何かを決断するときに優柔不断になっていると、私の感情が邪魔をしていると見なされるからだ ・ 私が挙げた功績なのに、その称号は男性に与えられる	・ 男性と同等、またはそれ以上のことが私にはできると証明するために、最善を尽くそうと必死になることがよくある ・ 妨げられていることに関して時折上層部に訴える。 一度正式に訴えたが、何も変わらなかった ・ 自分は感謝されていない、認められていないという感情

　表を完成させたアンジーは、感じているストレスの多くは自分のビリーフに起因していることを自覚しました。その後私たちは、彼女自身が「女性のキャリアアップは不可能だ」と思い込んでいたことで生まれた絶望感について話し合いました。コーチングを行う絶好のチャンスの到来でした。完成した表をもとに、彼女が何を大切にしているかを探ることにしました。すると彼女は、自分の仕事が認められ、感謝されることが最も大切だと述べました。そこで私たちは、彼女がどのような方法で自分の功績を声高に主張すべきか、そしてその最適なタイミングはいつかについて話し合いました。

　その後、私は彼女にある課題を出しました。仕事における自分の功績と、それによって会社にどのような恩恵がもたらされたかをリストアップするよう提案したのです。彼女は早速リストを作り始め、2週間後には数ページに及ぶ「功績リスト」ができ上がりました。作成する段階で同僚たちにも話を聞き、彼女が貢献してきたことや、それが同僚や会社に与えた影響について意見をもらったそうです。このエクササイズのおかげもあり、彼女の自信は格段に高まりました。後日、アンジーは次のようにコメントしています。「自分は評価されていないという感

情に囚われすぎるあまり、自分で自分を褒めてあげることを怠っていました」

　そして何より、上司と話す時に神経質になることが少なくなったと言います。その後数週間に渡り、彼女は上司と話す中でタイミングを見計らい、自分の功績を伝えていきました。意外にも、上司は既に彼女の功績の１つは認めていたことを知り、彼女は驚いたそうです。この出来事により、自分は積極的に自分の功績を売り込むことよりも、周囲が勝手に認めてくれるだろうと密かに期待していたことにアンジーは気づいたのです。

　アンジーは自分が作成した功績リストを上司にそのまま見せることにしました。リストを見せながら、自分は今後もますます会社に貢献できると感じていると伝えたり、この手腕をどこで活かせる可能性があるかを尋ねたりしました。すると上司は、彼女が関わるのに適していると思われる今後のプロジェクトをその場でいくつか挙げたのです。これには驚きを隠せなかった、と彼女は言いました。それまでは、こうしたチャンスは自動的に他の誰か（当然ながら男性）に与えられ、彼女はその事実を後になって知るだけだったと言っていたからです。

　これまでに起きたことを一緒に振り返っている時、今でも女性に対する明白な差別があることは事実だ、とアンジーは言いました。しかし、自分の職場の実情を詳しく調査することなく、女性差別に対する自らのビリーフに基づいて行動していたために、彼女自身が無意識のうちにその差別と結託していたことに気づいたのです。彼女は今、世界がどれだけ彼女の功績に気づいているか否かにかかわらず、自身の功績に以前よりもはるかに満足しています。そして、自分を売り込むことに対する自信も高まり、現在の会社の中で、あるいは別の場所に目を向けることで、新たな機会に出逢える可能性が高いと彼女は信じています。

コーチとして熟考すべき重要なポイント

　スティーブン・コヴィーは名著『7つの習慣』において、非常に有能な人々の習慣の1つとして「刀を研ぐ」、つまり自分のスキルを磨き続けることの重要性について説いています。彼は、丸太切りコンテストで競い合う2人の木こりたちの古いメタファーを用いています。1人の木こりは、休憩を一切取ることなく木を切り続けました。もう1人は、適度に休憩を取りながら木を切っていきました。開始直後、前者の木こりが後者を早々に引き離します。

　しかし、時間が経つにつれ、休憩をしなかった方の木こりは段々と刃の切れ味が鈍ってきます。効率が落ち、ますます必死に切る必要に迫られてしまいます。一方、休憩を取っていた方の木こりは、刃の鋭さを保ちつつ最小限の労力で作業を進めることに成功していました。最終的に、この木こりが巻き返しを図り、勝利を収めたのです。

　このメタファーで描かれているように、成功する人は、自分自身のスキルを見直し、それを改善するために取り組む時間を取ります。次に紹介するプロセスは、コーチが「刀を研ぐ」際の手助けとなるはずです。これはコーチにとって非常に重要なプロセスでもあり、自身のコーチングを振り返ることでコーチとしての役割を明確に定義し続けることができます。

本プロセスを用いる理由

・コーチとしてのスキルを磨く
・自分自身をコーチングする

本プロセスから得られるもの

・定期的に自身のコーチング・プロセスを熟考する時間を取ることを促す
・どのようにコーチングを行うかについて熟考するための質問を手に入れられる
・卓越したコーチングの具体的な原則を思い出せる

手順

　この「熟考プロセス」では、自分自身に問いかけることができる一連の質問を通して、コーチングのスキルを継続的に磨いていくことができます。1〜2ヶ月おきを目安に時間を取り、以下の質問に答えていきます。その際、できる限り具体的に答えるようにしましょう。実際の体験を思い浮かべながら、毎回新たな気持ちで答えるようにしてください。このプロセスに取り組むのに最も最適なタイミングは、コーチング・セッションや一連のセッションの直後と言えるでしょう。

1. 自分がコーチとして良い仕事をしていると、どのようにして分かりますか？その証拠は何ですか？

2. クライアントが本当に聞いてもらえていると感じていることが、あなたにどのようにして分かりますか？

3. あなた自身がクライアントの話をしっかり聞いていることがわかる、あなたの感覚に基づく証拠は何ですか？

4. クライアントに肯定的な変化をもたらしていると、どのようにして分かりますか？　その証拠となるものは何ですか？

5. クライアントに役立つとあなたが感じる情報や解決策を提案しないよう、どのように自制していますか？（最善の解決策は、クライアントからあなたが

引き出すものだと、あなたはよく知っているため)

6.コーチとしてのステートをどのように管理し、維持していますか?

7.クライアントに対し、どのようにパワフル・クエスチョンを使ってますか?
　どのコーチングスキルの技巧を用いていますか?　それらをどのように使っ
てますか?

8.コーチとしてのあなたの「成長過程にある強み」は何ですか?

　こうした振り返りを何度か繰り返した後、自分が出した答えを見直してみると
パターンなどに気づくことはありますか?　アドバイスしたくなる気持ちを抑え
ることが難しいと感じますか?　特定のコーチングスキルの技巧ばかりを使って
いませんか?　コーチング中に横道に逸れてしまう要因は何ですか?　そして、
どのように軌道修正していますか?　コーチングとは、クライアントがより意識
的かつ意図的に生きるためのサポートをする手法です。コーチとして、私たちも
積極的に自分自身を振り返っていきましょう!

まとめ

コーチングは、今最も急速に需要が伸びている職業の1つです。なぜなら、コーチングは真剣にゴールを達成しようとしている人々にとって非常に有効なリソースだからです。

本書の中で、コーチングのエキスパートたちによる様々なケーススタディやエピソードを描いてきましたが、コーチングを受けることで、人生が変容するような結果が出ることもあります。他者の人生にそのような違いをもたらすことができる職業は、そう多くはありません。

本書でお伝えした概念やテクニックをしっかりと理解し、実践していくことで、平均的なコーチと卓越したコーチの違いをはっきりと示すことができます。

人生はもちろん、世界さえも変えることができる大きな可能性と共に、本書の内容があなたにインスピレーションとモチベーションを与え、あなたがさらに時間をとって学びを深め、本書で説明したコーチングのツールを実践されることを願っています。

それぞれのテクニックを完全に習得するには、時間と練習が必要です。コーチングとはその大部分が、個人的な、あるいは他者との取り組みを通じて目標を設定し、達成するプロセスです。

コーチングを通して人の中にある強みが引き出され、その人が成長し、内なる知恵や動機に触れ、夢の実現に向けて軌道に沿って進んでいくことができます。

重要なことは、クライアントが変容する過程で、自分自身が果たす役割を常に見失わないようにサポートすることです。

　あなたは、クライアントが既に持っている隠れたリソースを発見するためのガイドであり、メンターであり、コーチという存在なのです。

　その過程の中で、クライアントがそれまでの限界を超えて自分を成長させ、掴むことができる最大の可能性に手を伸ばし、新境地を切り開きながら理想とする人生を内面から創造していく姿を目撃できるのがコーチです。

　コーチングは、崇高な職業です。そして、コーチングという手法で人々の役に立つことを選んだあなたは幸運です。最高のスキルを習得し、その努力が実ることを心から祈っています！

付録 1

メタプログラム・プロファイリング

(ロジャーズ・ベイリーの研究から翻案されたものです。許可を得て使用しています)

名前: _____ 日付: _____

パターン	質問	反応
クライテリア	あなたは仕事に何を求めますか? あなたにとって、仕事で大切なことは何ですか?	
エビデンス	【クライテリア】が満たされているとどのようにしてわかりますか? 【クライテリア】が満たされていることを示唆するのは何ですか?	
方向性	【クライテリア】が満たされることで、あなたに何がもたらされますか?	目的志向型 問題回避型
判断基準	よい仕事ができたと、どのようにしてわかりますか?	内的基準型 外的基準型
選択理由	なぜ今の仕事を選んだのですか?	プロセス型 オプション型
変化・相違対応	今年の仕事と去年の仕事の関係は、どのようなものですか?	同一性重視型 進展重視型 相違重視型

パターン	質問	反応
確信	人が良い仕事をしていると、どのようにしてわかりますか?	視覚型 読解型 聴覚型 体感覚型
納得モード	あなたが納得するためには、どのくらいそれを(見る、聞く、読む、する)必要がありますか?	回数重視型 直感重視型 疑心型 期間重視型
行動の主体性	特定の質問はありません 主体・行動型の人は、能動態の文章を使います。反映・分析型の人は、受動態の文章を使います。	主体・行動型 反映・分析型
全体型／詳細型	特定の質問はありません (例 もし一緒にプロジェクトに取り組むことになったら、何を知っている必要がありますか?	全体型 (大きなチャンク) 詳細型 (小さなチャンク)
関係性	特定の質問はありません	内向型 外向型
時間参照	特定の質問はありません	過去重視 現在重視 未来重視
連携	【クライテリア】を感じた体験と、それのどこが好きだったかを教えて下さい。	個人型 近接型 チーム型

付録2

現役のコーチたちによるコーチング・スキルと NLP の治療技術を組み合わせた
ケーススタディ集

ダン・ロスによるケーススタディ

　ダン・ロスのコーチングは、20年間の NLP の経験と、電気技師から COO（最高業務執行責任者）といった幅広い役職に至る 25 年間の社会人としての経験を組み合わせたものです。彼は、全国的に認められたソフトスキルのトレーナーとして、ビジネスや職場において目に見える形でより大きな効果を挙げるために、個人やチームに対して、指導をしたりコーチングをしたりしています。また、アメリカの党大会で演説を行ったり、業界紙でソフトスキルに関する記事を発表したりもしています。ダンは 1 対 1 のコーチングにおいて、個人の可能性を最大限に引き出すことを制限している無意識のビリーフを変容することを専門にしており、クライアントに重要な変革をもたらすことで知られています。

知覚位置

　クライアントのキャシーは、身動きが取れないと感じていました。何をしても、上司と理解し合うことがまったくできなかったのです。意思の疎通ができないまま数年が経ち、自分がまるで薄い氷の上にいるかのような感覚を覚えていることが職場でのストレスの原因になっていました。

　コーチングの初回導入セッションを行った時に、キャシーは賢くて、教養があり、好感がもてる女性だと分かりました。私はメタモデルを用いて、彼女の問題を引き起こしている具体的な状況を特定し、彼女に 3 つの異なる知覚位置を教え

ました。彼女自身、上司、そして彼女の行動に注目してコーチングができる観察者です。まずは、この3人の位置に入ることを練習してもらいました。この練習に慣れてもらったあと、上司とうまく意思疎通ができなかった様々なケースで試してもらいました。

　最初に、メールでのコミュニケーションから始めました。どうやら、上司との行き違いはメールを介して起こることが多そうだったからです。私は彼女に、自分自身から抜け出して、メールを書いている上司の中へと入ることを想像してもらいました。上司が座っているであろう場所、姿勢、そしてメールを書いている時の心の声のトーンなども想像するように伝えました。すると彼女は、メールでは失われてしまうことが多い非言語のコミュニケーションの部分へとつながることができたのです。

　次に、彼女には観察者の位置へと入ってもらいました。第三者の目を通してキャシーが彼女自身と上司を見たら、メールのやり取りはどのように映るかに注目するよう求めました。キャシーはその時、彼女がどのような返信を書くかによって、異なるシナリオの中で物事がどのように展開するかを心に描くことができました。この観察者の位置から、彼女は自分の通常のコミュニケーション方法の全体像を掴むことができたのです。

　さらに、メールのやり取り以外の場面においても、上司と意思疎通が図れなかった状況について同様のプロセスを試してみました。その後、彼女は上司の考えが理解できるようになり、メールや対面でのコミュニケーションが改善されました。数ヶ月後、キャシーは社内でも良い成績を収めることができており、職場でのストレスがかなり軽減されたと感じていると知らせてくれました。

メタモデル

　私が職場でプロジェクトマネージャーを務めていた頃、エンジニアのウィリアムが私のところへ来て、期限内に試作品を完成できないと言ってきました。メタモデルを利用することが得策だと考えた私は、まずラポールを築くために彼を「ペーシング」しました。彼が述べたことを、興味津々の面持ちで「期限内に試作品を完成できないのですね」と復唱してみました。

　メタモデルを学び始めて間もない人がやってしまいがちなのが、相手が述べたことを解決しようとするあまりに、急いでメタモデルを利用しようとしてしまうことです。私は何が起こっているのかを具体的に理解することに焦点を当てようと考えました。ウィリアムが述べた内容を復唱することで、良くない報告をすることで不安になっているであろう彼自身の気持ちを和らげることができるからです。

　そして、「試作品を期限内に試作品を完成させることを妨げているものは何ですか？」と、メタモデルの質問を始めました。彼は、必要な部品の発送が遅れていると答えました。私は必要な情報がそろうまで、あらゆる質問をしていきました。「その部品が遅れることが、具体的にどのように試作品の完成を妨げるのですか？」「ほかの部品を使って作るとしたら何が起こりますか？」「その部品を使用しなかった場合、どの程度試作品は完成できますか？」こうした質問を繰り返していくうちに、実現できる状況が詳しく浮かび上がってきました。また、これらの答えは代替案を考え付く上でも役に立ちました。その結果、必要な機能とほぼ同様のものが備わった代替の部品を使うことが可能であり、試作品の機能を十分に維持することができるため、期限内に納品できることが判明したのです。

リソース・ステート

ジョーは子どもの頃に読み書きを学んだことがありませんでした。75歳になった今、彼はようやく文字が読めるようになってきました。しかし、1人で読むには問題ありませんでしたが、人前や読書の家庭教師に読み聞かせることを考えると、萎縮してしまいました。心の中で、ジョーはほかの人に読み聞かせることイコール恐れだと結びつけていたのです。

似たような状況下で、彼が既に持っているリソース・ステートを見つけるためにジョーにインタビューをしていくと、人前で話すことには問題がないと分かりました。次に、人に読み聞かせることを、何も準備せずに仲間と気楽に話すことと同様に考えられるように、リソース・ステートのプロセスへと彼を導きました。私は彼に、心の中で読み聞かせる相手を違った見方で見てもらいました。聞いている人たちは批判的に彼を見ているのではなく、笑顔を向け、ジョーを力づけてくれていると。また、聞き手の肯定的な反応や、応援の言葉を送っているのを聞いてもらいました。彼は人前で読み聞かせをしているところを想像しながら、身体の内に力強さと自信を感じるようになりました。このことで、誰かに読み聞かせることは心地よく感じられることである、という新しい結びつきが彼の心の中で作り上げられたのです。

その後、まずは私に向かって読んでもらうことで、彼の新しいリソースに満ちたステートをテストし、次に読書の家庭教師に会った時に再びテストをしてもらいました。数週間後、ジョーは多くの仲間や家族に向けて、彼が書いた物語をリラックスして読み聞かせることができました。

ビリーフ

シャーリーンは、これまで生きてきた中で男性から支えられていると感じたことがありませんでした。男女関係における信頼は、彼女の人生において長らく問

題になっており、シャーリーンは悪い感情的なステートの中にいました。

　私はまず、支えられていないという考えと、それに付随する悪い感情に焦点を当ててもらい、制限となっているビリーフが生まれた時へ戻るように、シャーリーンを導きました。それは乳児の時まで遡りました。彼女はベビーベッドの中にいて、父親と食事へ出かけていた母親を求めて泣いていました。叔父が子守をしていましたが、彼女が本当に求めていたのは母親でした。彼女は、その幼い年齢で、男性は彼女を支えることができない、心から男性を信頼することはできないというビリーフを獲得したのです。何年にも渡り、シャーリーンは自明の理となっているそのビリーフと共に過ごしてきました。その結果、仕事や私生活で彼女を支えてくれない男性を惹きつけていたようです。

　NLPの再刷り込みのプロセスを用いて、彼女がリソース・ステートを見つけることを助け、ベビーベッドでの出来事について新しいビリーフを創り出せるように、新たな視点でその出来事を見るよう彼女を導きました。

　私がその後のセッションで彼女の様子を確認すると、彼女は問題なく男性から支えてもらっていると述べ、私が尋ねた理由を知りたがりました。ビリーフは私たちの現実の土台を形作っているため、ビリーフが本当に変容すると、クライアントはかつて古い問題を抱えていたことを忘れることがよくあります。それは彼女にも起こりました。

　自身の人生で男性との関係性が問題だった時のことをすべて思い出しながら、セッションの中で彼女はこう言いました。「1ヶ月前、ひどく動揺していた時、本当の問題はそれではなかったのですね」。習慣を変えるよりも、ビリーフを変えることに取り組むことで、変化を維持しようとする意思の力が必要なくなるのです。こうなると、人は単にそれまでと異なる生き方をし、自動的に新しい振る舞いで行動します。これこそが、私たちの取り組みの成果としてシャーリーンが体験し始めたことなのです。

再刷り込みと知覚位置

　ある時、婚約者に浮気されたというクライアントが私の元へ来ました。彼女は怯えて混乱しており、彼と結婚すべきかどうか確信が持てず、このトラウマを二度と克服できないかもしれないと心配していました。この困難に対処するため、知覚位置のテクニックを用いて、婚約者の位置、彼女の位置、そして婚約者の浮気相手の位置を含むすべての立場から彼女がその出来事を見ることができるように手伝いました。それぞれの人物を表す物を床に置き、彼女にその状況をまるでお芝居のように眺めてもらいながら、その状況を観察しました。

　私たちは第三者の立場でその状況を話し合いました。そうすることで、「私は言った」ではなく、「彼は言った」や「彼女は言った」というように、出来事をより客観的に見ることができるようになるからです。そして、彼女自身を含む各人物にどのようなリソースが不足していたかを話し合いました。一度に1人ずつ、関わっている人物それぞれに対し、役立ちそうなリソースをリスト化しました。婚約者は、彼女との結婚について戸惑い、怖気づいていたため、自由と勇気と誠実さを必要としていました。健全なコミュニケーションも必要だったのでしょう。浮気相手の女性には、誠実さだけではなく自己肯定感と自信が必要でした。彼女が必要としていたリソースは、明確さ、物事を理解する力、自らの直感を信じること、将来を見通す能力、同情心、そして何より許しであると、一緒に判断しました。

　各人物に対して彼女自身の言葉を使いながら、それぞれの人物のニーズが特定されると、クライアントは各人物の立場に立って、そのコンテクストの中で「その人になる」ことを行い、彼らにとって欠けているリソースを受け取りました。彼女が婚約者の役になった時、彼がその欠けているリソースを持っていたら、そもそも浮気をしなかったかもしれないと気が付きました。次に、浮気相手の役になり、彼女の欠けているリソースを受け取りました。その後、彼女は自分自身の中へ入り、必要としていたすべてのリソースを受け取ったのです。

このエクササイズが完了した時、私たちはブレークステート（ある状態から抜けて、ニュートラルな状態に戻ること）の状態を取りました。そして、脳のパターンを停止させ、短い休憩を取ることで、クライアントは問題の状況をどのように感じるかを再評価することができました。彼女はこの状況に対してまだ嫌な気持ちが少し残っているものの、関わったすべての人たちへの共感の気持ちと、自信の高まりを感じていました。この時の彼女には、その状況の中でさらに多くの可能性が見えていました。

　人生のあらゆる物事の行き着く先は、愛を与えることと受け取ることです。私はこの仕事を通じ、私がコーチングする95%以上のクライアントが、自分は人間であり常に充分なリソースを持っている状態であるとは限らないということを自覚し、許しの場にたどり着くことに気づきました。この理解が、愛へのより深いつながりをもたらすのです。

　私は最終的に、クライアントの婚約者ともコーチングを行い、彼があのような選択をした理由が分かりました。喧嘩ばかりして最終的に離婚した両親を見て育った彼の、間違った決断をすることに対する恐れから逃れるための無意識の手段だったのです。彼は愛を怖がり、その状況から逃げていたのでした。彼は、母親を裏切った父親から学んだパターンに基づいて行動していました。ほかの人、とりわけ両親の決断が間違っているかもしれないと分かっていても、子どもが同じ選択をすることはよくあることです。彼の過去へと戻り、リソースの欠如がどこに由来しているかを知ることで、彼はより豊かなリソースを得た状態となり、その強みと共に永久的に変わることができ、さらなるコミットメントと共に結婚に臨むことができました。最終的には、一緒に困難を乗り越えたことで、この出来事は2人に一層の親密感と信頼をもたらし、無事に結婚を迎えることができたのです。

エピファニー・ショーによるケーススタディ

　エピファニー・ショーは、NLPマスターコーチ兼トレーナーです。また、LABプロファイルプラクティショナー、催眠療法士、ヨガの講師、メンター、ヒーラーでもある彼女は、クライアントが望んでいる繁栄して満たされた人生を送る障害となっている不貞やトラウマ、過去の体験からクライアントを癒す手助けをすることを専門としています。彼女は20年以上に渡って、サンフランシスコのベイエリアやその周辺で、個人、カップル、グループに向けたセッションを提供しています。

　エピファニーは彼女の取り組みや教えの中で、強力で統合されたアプローチを開発しました。人の心の働き、彼女のビジネス知識、エネルギーやトラウマを解放するワークのトレーニング、そして解剖学の深い知識を組み合わせたアプローチで、具体的で深遠な洞察と共に、そのすべてがクライアントの身体、心、精神のありとあらゆる体験に貢献しています。彼女はプログラムのほとんどを、オークランドのオフィス、またはカリフォルニアのソノマ・カウンティーにあるリトリートセンターで提供しています。

スイッシュパターンとステート・マネジメント

　ジルはプロの歌手ですが、大規模なコンサートでステージ上を歩いていた時につまずいて転倒して以来、公演前に怯えるようになり、私のところへやってきました。この出来事のせいで、ステージへ上がるたびに彼女は震え、恐怖のせいでステージ上をウロウロしてしまうようになり、パフォーマンスに影響を及ぼしていました。

　私はステート・マネジメントの質問を用いて、コンサートが始まる時に、彼女が本当はどのようなステートでいたいかを探ることにしました。質問を通して、

ジルは、歌う時に自信を感じることとミュージシャンや観客、そして周りの世界とつながることを望んでいると言いました。彼女は一体感を感じ、リラックスすることを望んでいたのです。これらの質問により、彼女の理想的な空間には「遊び」があることを特定しました。それが彼女に欠けていたリソースでした。というのも、遊びこそが、彼女が転倒した時にそれを精神的なトラウマにする代わりに、この失敗を物ともせずに茶化すユーモアのセンスを与えてくれるものだとジルは気づいたからです。ジルはさらに、もっと広い視野の視点にアクセスすることで、違いが生まれることにも気づきました。

ステート・マネジメントの質問を用いた後、彼女がうまくいったと感じたポジティブな体験である過去のパフォーマンスを突き止め、アンカリングし、何が起きても彼女がこのポジティブな経験を心の中に呼び出して、そのステートの感情を引き起こすことができるようにしました。ポジティブなステートがジルの心にアンカリングされると、私はスイッシュパターンのテクニックを使いました。これは、私が故意に彼女の恐怖を誘発し、彼女が自分のステートを管理する練習をすることができるテクニックです。

私たちはネガティブな体験をどのように感じるか、または見えるかを話し合い、彼女がそのステートに入った後、理想的なステートをアンカリングするために彼女が作ったリソースを使い、そこから彼女自身を取り戻す練習をしました。彼女が十分にポジティブなステートに入ることができたら、ブレークステートを取り、その後もう一度、ネガティブなステートを誘発する現状から始め、再びポジティブなステートへ戻りました。これがスイッシュパターンです。

私たちは合間にブレークステートを挟みながら、このエクササイズを何度も行い彼女の脳を再教育することで、彼女が恐怖の引き金を引いた時に、彼女の脳が自動的に「自信」というステートにすぐにつながるよう訓練したのです。

カーナ・ズンドビーによるケーススタディ

　カーナ・ズンドビーは2000年からビジネスコーチおよびファシリテーターとして活躍しており、人々が望ましい目標を明確にし、目標を達成することの障害となっている真の原因を発見する手助けをしています。NLPマスタープラクティショナーとしての専門知識を用いて、クライアントがネガティブな思考パターンや、辛い記憶、感情、ビリーフを変化させ、人生で望む結果を手に入れられるようにサポートしています。彼女は、子どもからお年寄りまで、ストレス管理から生死に関わる病気に及ぶ様々な問題を抱えたクライアントを相手にしています。自己変容の分野における20年の経験と、アメリカン・エキスプレスの経営での22年のキャリアと共に、彼女はコーチング能力、ビジネスの専門知識、そしてクライアント自身と彼らの考え方に目に見える変容をもたらす手助けをするという熱い願望を理想的に併せ持っています。彼女のクライアントは彼女のことを、熟練した、戦略的な、洞察力のある、中立的な、エネルギー溢れる、明確な、思いやりのある人物だと表現しています。

メタアウトカムの質問

　私のオフィスを訪れたフランクは医師でした。彼は飲酒運転で捕まり、家族や必死に働いて手に入れた仕事上の成功を失ってしまう危険にさらされていました。最初のインテーク・セッションで、フランクは自分の中で葛藤が起きていることについて話しました。彼のパート（無意識の一部）は成功へと駆り立てられる仕事中毒である一方、ほかのパートは人々と関わりを持ち人生を楽しむことを望んでいました。しかし、このパートを解放するためにはお酒の力が必要だったのです。フランクは、このパートが彼の秩序ある生活を、最終的には無秩序なものにしてしまうことに気づいていましたが、なかなかコントロールすることができずにいました。飲酒運転で3回目に捕まった後、彼はアルコール治療センターに入所しました。そして、自分の人生の断片を拾い、問題となる行動の根本にあ

る原因を理解しようとしていたのです。

　彼の内面にある矛盾について質問した際、キャリアや成功について尋ねた時には、彼が右手と腕を使って非常に生き生きと反応することが見て取れました。一方、家族や社会生活、飲酒について尋ねた時には、左手で多少の手振りは見せたものの、ほとんど手を膝の上に静かに置いたままでした。左手をもっと大きく動かそうとすると、そうさせないように右手で必死に押さえていることに気づきました。

　私は彼の内面にある各パートが最終的にフランクにもたらしたいものを明らかにするために、メタアウトカムの質問を用いて、まずは彼の右側にあるように見える仕事中毒のパートに取り掛かりました。私はこのパートに対して、「あなたはフランクに何をもたらしたいのですか？」と尋ねました。

　この仕事中毒のパートは、「様々なことを達成したい」と答えました。私はさらに尋ねます。「そうすることによって、あなたに何がもたらされますか？」すると、このパートは「家族を養うことができる」と答えました。続けて私は「家族を養うことは、あなたにとってどのような価値がありますか？」と訊きました。「それは人生の中で親睦をもたらす」とそのパートは答えました。さらに私は「親睦をはかることに対するあなたの目的は何ですか？」と尋ねました。そのパートは、「親睦によって人といる心地よさと、さらに多くの自信を得ることができる」と答えました。そして私が「さらに自信を持つと、あなたは人生でどうなれますか、何をすることができ、何を得ることができますか？」と尋ねると、そのパートは「さらなる自信は、さらなるキャリアの成功へ導き、より高い自己肯定感につながり、そしてそれは自尊心へとつながり、最終的に充実感をもたらしてくれる」と答えました。

　人と関わりを持って人生を楽しむことを望んでいたパートは、フランクの左側にあるようでした。このパートは感情を感じることに苦戦し、恥ずかしがり屋で、皆がいる場所で落ち着かなくなることもありました。メタアウトカムを引き出す

質問を繰り返すうちに、お酒を飲むことでこのパートが再び活性化し、心を開いて没頭していると感じられることが分かってきました。私は、「元気を取り戻していくという気分を感じることで、あなたはどうなれますか？ 何をすることができますか？ 何を得ることができますか？」と尋ねました。すると、「そうなれば、もっと人生を謳歌し、もっと自発的になり、新しい経験をして良い気分を味わえる」とそのパートは答えました。「新しい経験をして良い気分を味わうということは、あなたに何をもたらしますか？」と私は尋ねました。それによってさらに自信を持つことができる、とそのパートは答えました。メタアウトカムの質問をさらに尋ねることで、もっと自信を持つことによって、より有意義な関係を持つことができ、最終的に充実感を感じることができる、という発見につながりました。

どちらのパートも同じ価値観を持っていて、最終的に同じこと、つまり充実感を体験することを望んでいることに気づくと、彼自身のこの矛盾した２つのパートによる葛藤は解消されました。そして、それらのパートは、彼の人生で調和を作り出すために協力することができるようになりました。

このことを理解していないと、折に触れてそれぞれのパートが「運転席に座る」ことを要求し、彼の行動に影響を及ぼすことが分かりました。成功に駆り立てられている時、フランクは長時間働き、家族との時間がほとんどなく、孤独を感じていました。人がいる場所でくつろぎ、楽しみ、もっと感情を感じるために、自由奔放なパートは時折自暴自棄になり、お酒を飲んでカオスを作り出していたのです。

それぞれのパートの動機付けのパターンと、彼の性格の各々の面で共有されているクライテリアを特定していく中で、フランクが彼自身の両方のパートを統合することを助けることができました。彼はもはや自分の状況に圧倒されることなく、調和のとれたライフスタイルを作る計画を立て始めたのです。

私は、調和のとれたライフスタイルを既に成し遂げているという未来にいるフ

ランク自身を思い描けるよう、手助けをしました。未来の彼自身に入ってもらい、調和のとれた彼の目を通して見て、調和のとれた彼自身の耳から聞いて、調和が取れている時に持つ思考を抱き、調和の中にいる彼自身の感情を予想してもらうことで、彼自身の個々のパートが調和のとれている状態を十分に体験してもらいました。その後、調和が崩れてきたと感じる時に、必要に応じていつでも彼が方向転換しやすいように、このステートにいつでも入れるようにアンカーを作りました。

　セッションの終わりには、フランクは自分のライフスタイルで求めていた変化を起こすための必要なツールを手に入れたという自信を感じるようになりました。彼は、ほかにもやるべきことがあると話していましたが、根底にある問題を理解したのですから、残りの人生の間に２つのパートが引き起こす内なる対立を間違いなく終わらせることができるでしょう。

　私たちは州委員会の公聴会に向けて一緒に準備を行い、最終的には委員会は彼の免許を復権することを決定しました。彼は、今日までに人生の断片をつなぎ合わせ、飲酒関係で問題を抱えている人たちのインスピレーションの源になっています。

クライテリアを明確にすること、そしてさらに……

　ある日友人が電話をかけてきて、彼女の 15 歳の娘であるレベッカに会ってほしいと言われました。引っ越しをして以来、レベッカは新しい高校に馴染めずにいたのです。

　私がレベッカに会った時、彼女のボディーランゲージをミラーリングしました。彼女の呼吸に合わせ、彼女に合った言葉を使って素早くラポールを築きました。安心して正直になると、レベッカは新しい環境の中で彼女がどれほど憂鬱に感じているかを話し始めました。友達や恋人を作ること、そして前の学校の時と同じように人気者になることを切望していると教えてくれました。

　彼女の話を聞いていると、彼女がどれだけ愛情に飢えていると同級生の目に映っているかが分かりました。レベッカは、学校で一番人気のある男子が、一緒に勉強するために突然彼女の家に来たがった時にどれほど驚いたか教えてくれました。しかし、彼女の部屋に入り教科書を開いた途端、彼は彼女に性的に迫ってきたのです。レベッカは、愛されているとか、受け入れられているという感情を過剰に求めていたばかりに、彼の要求に従うところだったと話していました。彼に服従しなかった唯一の理由は、性的なことに関して彼女が未経験だったことと、彼女の両親が家にいて、見つかることを恐れたという現実があったからだと打ち明けてくれました。

　彼女の矛盾する感情について話し合う中で、肉体関係を結ぶことに同意する上で必要となる明確なクライテリアをレベッカが持っていないことに気づきました。私たちは人生における価値観について話し始め、彼女の価値観が、パートナーと性的な関係を結ぶために満たす必要のある条件を明らかにすることとどうつながるかについて、より具体的に話し合いました。

　レベッカは、肉体関係に対するクライテリアを考えてリストにするという宿題を持ってオフィスを後にしました。次の日に、驚くほど詳細なリストを持って戻ってきたレベッカと共に、クライテリアを明確にするプロセスを用いて、クライテリアに順位付けしていきました。自分のクライテリアに順位付けするという難しい課題を終えると、彼女にとって大切なものとその理由がより明確になりました。

レベッカのリストに含まれていたもの：
・相手が優しい人であること
・相手が私を尊重していること
・親密な関係になる前に、相手のことをよく知っていること
・両親が相手のことを知っていて、気に入っていること

　その後、適格に構成されたアウトカムを作るために使ういくつかの質問を使って彼女を導き、リスト内のそれぞれのクライテリアが彼女にとって意味すること

を明確にしていきました。感覚に基づく証拠に富み、適格に構成されたクライテリアを彼女が偽りなく作ることを助け、彼女が人生でこの重要な決断を行う時に確信がもてるようにしました。

　例えば、私は次のような質問をしました。
・相手が優しい人であること（どうやって、相手が優しい人だと分かりますか？　相手が優しい人だということは、あなたがコントロールできることですか？　優しい人だとわかるためには、具体的に誰にとって優しい人であるとわかる必要がありますか？）
・相手が私を尊重していること（相手があなたを尊重していると、どのようにして分かりますか？　相手は何をしてくれますか？　相手はどんなことを言いますか？　あなたはどのように感じますか？　それはあなたの身体のどこで感じますか？）
・親密な関係になる前に、相手のことをよく知っていること（相手のことをよく知っていると、どのようにして分かりますか？　どれくらいの期間、彼のことを知っていますか？）
・両親が彼のことを知っていて、気に入っていること（両親が彼のことを気に入っていると、どのようにして分かりますか？　それはあなたがコントロールできることですか？　両親が彼のことを気に入ることについて、大切なことは何ですか？）

　セッションの終わりに、「学校で一番人気のある男子」について、また、その彼が彼女の肉体関係におけるクライテリアを満たしているかどうかを改めて考えてみるように言いました。すると彼女は直ちに、「とんでもない！　彼とは映画にすら行かないわ」と叫びました。

　このプロセスは実際にレベッカの考え方全体を変化させました。人生でこの重要な決断を行う時に、自分自身を信頼できるようになるには、彼女自身が明確になっている必要があることに彼女は気づいたのです。レベッカは、多くの同級生が一時の感情に駆られてこの決断を下していることを実感しました。自分自身の

価値観を配慮することも、自らの行動の結果について考えることも、体の関係だけで、二度と話すことすらないかもしれない相手のことを知ることさえせずに……。

　その後、19歳になったレベッカから連絡をもらいました。彼女は電話で、大学1年目が終了したばかりだということ、そして未だに真剣な付き合いをしたことがないことを教えてくれました。彼女は半分冗談で、「私の両親は、私の基準を下げる必要があるんじゃないかって言うの。どう思う？」と言ってきました。「あなたはどう思うの？」と私は聞きました。彼女は「私は自分の基準が気に入っているの」と答えました。私は「私もよ」と伝えました。

　大学2年目を終えたレベッカと再会した折、彼女はある男性と恋に落ちたことを教えてくれました。彼女ははじめ、彼のように知的で、ハンサムで、楽しくて、名家出身で、出世コースを歩んでいるような人が、自分に振り向いてくれることを想像できませんでした。しかし、彼はレベッカに好意を抱いたのです。彼らはゆっくりと互いのことを知っていき、自分のクライテリアがすべて満たされていると彼女が感じた時に（そこに至るには時間がかかったようでしたが）、彼らは親密な関係になり、今は婚約しています。

　少し前にレベッカの母親から電話をもらい、私が彼女と一緒に行ったワークに感謝し、「あなたは娘の人生を変えてくれた」と言いました。それは真実だと思います。

　レベッカが彼女自身の価値観や価値を明確にすることなく、その「学校で一番人気のある男子」が、彼女の両親が不在の時に再び彼女の部屋に入り込んだら、彼女は無意識に早まった決断をしてしまった可能性もあったかもしれません。性病に罹患したり、妊娠したりした場合に彼女の人生が大きく変わってしまう可能性すらありました。そして、既にたくさんの少女たちにしてきたように、彼が彼女を使用済みの紙皿のように捨てたあと、彼女は傷ついた自尊心の傷と共に間違いなく取り残されていたことでしょう。自分自身を信じることが難しくなり、今

後の人間関係に影響を与えていた可能性があります。彼女の自己肯定感は恐らく粉々になり、純真さは汚され、同じ方法では決して立ち直ることはできなかったでしょう。「取り消す」にはあまりにも多くのダメージが生じる可能性があったのです。

　私たちはみな、非常に多くの時間とお金を費やして、自分たちが人生で無意識に作り上げてきたものが招いた結果を取り消そうとします。それは、悪い習慣や依存をやめようとすること、過去に生まれた感情的な重荷から自分を解放しようとすること、生きているうちに意図せずに生み出したトラウマを癒そうとすること、子どもの頃に自分自身について作り上げた制限になるビリーフを変化させようとすることなど、様々です。もし人生の途中にあるそれぞれの分岐点で必要なガイダンスがあれば、人生はどのように展開することができただろうと思いを巡らす人もいます。

　レベッカが「とんでもない！　彼とは映画にすら行かないわ」と言った時は、彼女の明確さを聞くことがコーチとして非常に満たされた瞬間でした。そして、私が実際に彼女の人生がどのように展開するかに大きな違いをもたらしたことを実感したのは、成人になった彼女から連絡をもらい、彼女が15歳の時に作ったクライテリアが、彼女の人生の中で実際にいくつかの決断を導いたと知った時でした。そしてその後、その違いをもたらしたことに母親から感謝された時には、感無量でした。

　人が自分の人生を変容することを実際に手伝うことができるなんて……私たちコーチはなんて素晴らしい機会に恵まれているのでしょう！

ビリーフ

　ロバートは大手の金融機関の営業部に勤めて1年足らずでした。彼は顧客への販売でまずまずの成績をおさめ、チームからはとても好かれていました。1年後、さらに多くの販売顧客を任されましたが、彼の営業成績は下がってしまいました。

最初のセッションの時点で、彼は業務改善計画を立てており、3ヶ月で成績を改善する必要がありました。

　小規模な顧客の時にはうまく売り込めていたロバートでしたが、新たな大口の顧客への営業に上司が同席したところ、オフィスに足を踏み入れた瞬間からロバートが緊張しているように見えたそうです。しかしプレゼンが終わった瞬間、ロバートはすぐにリラックスして、いつものチャーミングでカリスマ性のある青年に戻り、顧客に家族や趣味などについて尋ねるのでした。彼らの営業部隊は顧客とのラポールを築くために、プレゼンをする前に、顧客とプライベートな話を行うことをとりわけ訓練されていましたが、ロバートはここではまったく正反対のことをしていたのです。

　彼の不快感の原因を突き止めるためにワークを行っていると、彼は7歳くらいの時に起きた学校の校庭での体験を思い出しました。水飲み場に彼をいじめていた2人の年上の少年がいて、彼を低い木のところまで引きずっていき、暴力をふるったのです。私はロバートにいくつか質問をしていき、そのトラウマの結果として彼が形成した可能性があるビリーフを調べる手助けをしました。彼はすぐに、「安全ではない、私にはここにいる価値がない」という制限になるビリーフを形成していたことに気づきました。

　その後、私たちは下記のビリーフ調査表を用いて、7歳の時に形成したこのビリーフを持つことの影響をさらに探りました。

ビリーフ	他のビリーフ もしこれが真実なら、他には何が真実である必要があるだろうか？	結果 もしこれが全て真実なら、どのような行動を取る、あるいは取らないだろうか？
安全ではない	世界は危険だ。誰も信用できない。特定の状況下において、私は無力だ。私よりも強い人たちに傷つけられるだろう。私は弱い。私は被害者だ。自分らしくいても到底安全にならない。	本当の自分を見せてはいけない。私を傷つける可能性がある人の前では透明人間になる必要がある。小さく留まっていなくてはならない。警戒していなければならない。リラックスできない。自分らしくいられない。どうすれば安全な人になれるかを学ぶ必要がある。どうすれば誰からも傷つけられない人になれるかを学ぶ必要がある。自分が傷つけられないために、どうすれば友達に好かれて取り囲まれる人になれるかを学ぶ必要がある。
私にはここにいる価値がない	影響力のある人はここにいる価値があるが、私には影響力がなく、ここにいる価値がない。私は十分ではないから、影響力のある人の近くにはいられない。私には影響力のある人に時間と場所を提供してもらう価値がない。影響力のあるビジネスマンたちに時間を取ってもらい、彼らが望んでいないものを売り込むのは居心地が悪い。私自身の価値は、販売先のお客様よりも低い。居心地の悪さを感じれば感じるほど、商品が売れなくなる。私は負け犬だ。	貴重な時間をできる限り奪いたくない。急いでプレゼンを終わらせて、彼らの時間を取らないようにする。商品を売り込もうとしない限りは、自分らしくいられる。私は安心感を覚えるために、面白い人間となることを学んだ。面白い人間を傷つける人はいないからだ。「面白い人間」である自分は、他者とラポールを築ける。これは、安心感を得るために自分が普段から被っている仮面だ。プレゼンが終われば、この精巧に作られた仮面を再び被り、商談相手とでも居心地よく過ごすことができる。しかし、相手に影響を与えようとすると緊張する。緊張すればするほど、早くプレゼンを終わらせようとしてしまい、不自然になってしまう。つまり、緊張すればするほど営業成績が下がる。自分の評価が心配になると、仕事を失うかも知れないと更に緊張し、恐怖感に襲われる。絶望的な気持ちになり、諦めたくなる。

　ロバートはこの表を完成させると、自分のビリーフが自滅的なサイクルになっており、キャリアでの成功を制限しているだけではなく、実際に仕事を失うことにもつながる可能性があることをさらに認識するようになりました。

　社交的な場では、ほかの人が自分より影響力があると感じなかったので、そのような状況でビリーフが制限になることはそれほどありませんでした。しかし、自分自身でいることに完全に心地良さを感じたことがないことも自覚するようになりました。彼は気に入られ、うまく溶け込み、その結果安全でいられるように、「面白い人間」という仮面を被っていたのです。

　私はティム・ハルボムが開発したビリーフチェンジのプロセスを用いて、彼が自分の制限になるビリーフを力づけのビリーフに変容させることを手伝いました。

1. **制限になるビリーフを特定する**：彼はこの表を用いて、彼を制限しているビリーフと、それがどのように彼の人生に影響を与えていたかを洗い出しました。

2. **制限になるビリーフの肯定的意図を見つける**：過去にこのビリーフが実際にどのように役立っていたかを彼が確認する手助けをしました。彼は、彼が育った地域におけるいじめについて説明しました。彼がいじめっ子を見つけた際に、彼らに見つからないように隠れていたことは、再びいじめられるのを避けるためにしていた行為だったと気づきました。さらに、この出来事が彼の兄弟たちとは異なり、その地域から抜け出す方法を見つける動機になったことにも気がついたのです。彼は身近な家族の中で初めて、そして唯一、大学へ進学し有名企業に就職したのです。

3. **制限になるビリーフを再定義する**：次に、制限になるビリーフが常に真実であったかを調べて確認することで、そのビリーフを再定義し、彼が実際に安全で力を与えられているように感じた状況が数多くあることを発見しました。

さらに、彼のメンターや仲間の目を通して自分自身を眺め、彼らはロバートのことを「弱い」あるいは「無能である」とは思っていないことに気づくよう導きました。まったく逆なのです。彼はほかの人たちが彼を見ているように、自分はリソースに満ちていて、創造的で、能力があり、楽しく、思いやりがあり、問題解決が上手な人として、自分自身を見直すきっかけを得ることができました。

4. **新たな力づけのビリーフを創る**：ビリーフを再定義することは、ロバートが新しいビリーフを考え始める助けになりました。彼が最終的に作った新たな力づけのビリーフは「私は欲しいものを手に入れる力がある」でした。

　ロバートは、トラウマになっていた子どもの頃の出来事が、彼のキャリアにこれほど強烈な影響を与えていたことに驚きました。彼の営業成績は劇的に改善し、3ヶ月の期限を待たずに業務改善計画から外されました。彼は私に感謝するために電話をくれました。そして私たちは、シンプルなビジネスのコーチングでは問題の源にはたどり着けなかっただろうと話しました。ロバートは自分の中核で何かが変容し、今後の私生活や仕事に変化をもたらすだろうと感じていました。

オースティン・ヒル・ショーによるケーススタディ

　オースティン・ヒル・ショーは建築の分野で活動しているヒーラーであり、創造性やイノベーションの分野における思想的指導者です。クリエイティブな可能性を最大限に引き出したい個人や、イノベーション文化を築きたい組織を支援する仕事をしています。Three Lights Design, Creativity Matters の創始者であり、『The Shoreline of Wonder: On Being Creative（海岸の奇跡：クリエイティブであるということ）』（2012 年）の著者です。さらに、つながり、違いをもたらすこと、意義という人間の中核になるニーズをすべてのプロジェクトの中心に置く画期的な建築デザインへのアプローチである『The Full Spectrum Client Intake and the The Core Needs Design Method（フルスペクトル・クライアントインテークとコア・ニーズデザインメソッド）』の考案者でもあります。彼の人生の目的は、基調講演やトレーニング、ワークショップ、リトリート、オンライン講座、1 対 1 のコーチングを通して、ほかの人たちをクリエーターとして力づけることです。

ニューロロジカルレベルの実践的応用とクライアントのアジェンダを維持すること

　私は建築設計だけではなく、従来のコーチングと創造性やイノベーションのコーチングを行っています。これらすべての分野で、ニューロロジカルレベルと呼ばれるテクニックを活用することで、クライアントが成功することを発見しました。これは人の本質の様々な層に基づいてその人のことを早く知る方法で、物理的な体や、行動、能力、ビリーフ、価値観、アイデンティティ、そして精神的なまた個人的な限界を超越する要素を含み、すべてがその人の世界観によって左右されています。

　ニューロロジカルレベルのテクニックを説明するために、建築設計のクライアントに対する活用例を紹介します。建築や設計では、シンプルな住宅を建設する

場合でも、たくさんの決断を下す必要があります。どのような見た目にしたいのか。どのような雰囲気にしたいのか。内側と外側のどちらにそれを反映したいのか。その家は多くの人を歓迎するものか、それともプライベートで安全なものか。

初めてクライアントに会う時、彼らは予め考えているイメージをたくさん持っています。それは、雑誌で見たものや、家族の歴史、これまでに住んだことがある場所、あるいは彼らが欲しいと思っているものや、他者の意見に基づいて彼らが持つべきだと考えているものが基になっています。彼らにとって本当に価値のあるものとつながり、彼らの価値観を個人、家族、または組織として実際に反映するデザインに変えるために、ニューロロジカルレベルのプロセスを用いて、次のものに基づくデザインのクライテリアを明確にします。

1. 環境
2. 行動
3. 能力
4. ビリーフと価値観
5. アイデンティティ
6. その他

具体的には、建物のあり方についてクライアントに心の中の混乱をふるいにかけてもらうのとは対照的に、私は次の質問をすることで、これらの異なる領域を体験してもらいます。

1. このプロジェクトはどこで行われますか?

この質問はあまりに単純だと思えるかもしれませんが、近所、地下、裏庭など、その建物が建設される空間に彼らがしっかりと足を踏み入れることを可能にしてくれます。彼らの意識を物理的な空間の中へ根付かせるのです。

2. その空間の中でどのように行動していますか?

料理をしていますか? 掃除をしていますか? 洗濯をしていますか? パー

ティーを主催していますか？ 子育てをしていますか？ 会議を開催していますか？ ビジネスを行っていますか？ この質問をすることで、クライアントはこの空間で実際に行われる行動に焦点を当てます。

3. どのようにこれらの行動をしていますか？

陽気に？ 規律正しく？ 信仰深く？ 混乱の中で？ ここでクライアントは彼ら独自の物事のやり方が、それらの行動にどのように生命を吹き込むかを感じ始めます。そして、彼らのビリーフや価値観が初めて表に出始めます。

4. あなたのビリーフや価値観は何ですか？

この質問に対する答えには、愛、自由、創造性、生産性、家族などが挙げられるかもしれません。クライアントがそれらを言葉にすることが重要です。もし私がこの質問を最初にしていたら、予め準備された答え以上のものを彼らから得ることは一筋縄ではいかないかもしれません。しかし、自然な階層を辿り、どこで何が起きているかというシンプルな質問から始めることで、クライアントは徐々により深く探ることができ、より実存的な問いを明確に表現することができます。

5. この空間の中であなたは誰ですか？

答えは、「私は無条件の愛情あふれる主催者です」「私は素晴らしい母親です」「私は何でもできる父親です」「私は貪欲な本の虫です」など様々でしょう。ニューロロジカルレベルのプロセスのこの段階で、この建物の中で自分が誰であるかを確認して、その人物になりきります。

6. あなたがそうすることを手伝っているものは何ですか？

この質問は、クライアントの生活やプロジェクトを前進させてくれる支援の情報網へとクライアントの意識を広げます。世俗的な答えには、公益企業、近所とのつながり、その家や建設に関わるすべての人たちなどがあるかもしれません。この一連の質問を終えると、クライアントに振り返ってもらい、より高いレベルのクライテリアをより低いレベルのクライテリアに吹き込みます。例えば、「無条件の愛」のようなものが価値観として表現されれば、私はその価値観を、未来

の家はもちろんのこと、彼らが先に述べた活動を表現するものとしてアンカリングします。「子どもたちの宿題を手伝うことがどのように無条件の愛を表現しているか確認してください」と伝えるかもしれません。このように、その家はもはや単に予算や、材料、美学のみによって決められるのではなく、共同制作、自己の発見、そして自己表現の手段になるのです。

一度クライテリアが設定されれば、それを使って意思決定を容易にすることができます。例えば、クライアントがキッチンに空間を追加するかどうか、あるいは寝室をもう一部屋増やしたいかどうかの話し合いで行き詰まっていたら、「無条件の愛にあふれるおもてなしをするとしたら、その状況でどうするでしょうか？」と尋ねるかもしれません。

ニューロロジカルレベルを用いることで、私はクライアントのアジェンダを維持することができ、個人として、あるいは家族として彼らがどのような人物なのかを中心にして具体的に設計することができます。ニューロロジカルレベルのプロセスを行う時、夫と妻とは別々に取り組みます。なぜなら、パートナーのために自分の答えを相手に合わせるというプレッシャーを感じてほしくないからです。彼らの異なる価値観の間にある対立やパラドックスは、結果的に非常に興味深い設計につながる場合があるのです。

この例は、設計者の立場で目的を果たしつつ、クライアントのアジェンダを維持する実践的な応用を示しているとはいえ、このプロセスはコーチとしても効果的に機能します。あらゆる意味で、建物を設計することはコーチングと似ています。あなたは、クライアントが彼らのビリーフ、価値観、ゴールに合う人生を設計することを手助けしているのです。

ラポールを築く

創造性コンサルタントとして、私はクリエイティブな人とそうでない人がいるという社会的通念に打ち勝つために動いています。創造性はある特定の人々だけ

に与えられたギフトや才能ではなく、人間であることを定義します。創造性とは、自分たちが本当の自分を感じて信頼した時に、自分たちは何者であるかということを自然に表すものです。私が考える「創造性」の定義は、世界とつながり、意義のある方法で影響を与えることです。創造的であるために芸術家になる必要はありません。創造的であるということは、世界に存在する方法なのです。

　コーチングを行っていると、彼らが自分自身のアイデンティティに関する考えを持っていることが明らかになります。ネガティブな場合もあれば、過度に野心的な場合もあります。しかし彼らは、内面の深いパートにある本当の自分や彼らが創り出せるものについて、真の感覚を掴んでいないことがほとんどです。彼らを前進させるためには、まずクライアント独自の「行き詰まりの感覚」を私自身が味わう必要があります。私はこれを、ラポールを築くことによって行っています。

　クライアントとラポールを築き、彼らの真の創造的な自分を発見するのを手伝うため、彼らの姿勢を取り入れ、ジェスチャーを真似し、呼吸や彼らが話すペース、声のトーンを合わせます。彼らと同じ言葉を使うことで、彼らの世界の中に入ること、そして彼らの信頼を得ることができるようになります。彼らの行動をモデリングしてラポールを築くことで成し遂げられるのは、彼らがつながりを感じやすくなることと、私がより完全に彼らを理解することです。現代社会において、私たちは忙しさに圧倒されています。人々の交流は注意散漫になったり、急かされたりしています。しかし、このようにクライアントをミラーリングできると、クライアントはあなたが彼らを理解しているように無意識で感じ、そのことが彼らに自身の従来の創造性であるステートへリラックスして入ることを促すのです。

　私にとっての喜びは、私自身が常にクライアントから学んでいるということです。私の役割はコーチですが、クライアントはよく私を旅に連れて行ってくれます。一歩引いてみれば、これはクライアントから学び、彼らがどのような人物であるかという私自身が予め予想しておいたイメージに囚われなくなるチャンスで

あることがわかります。私は彼らと同じように座ることで彼らの姿勢を取り入れます。クライアントが話しながら目だけを上に向けたら、彼らは視覚優位で考えていることになるため、私はその目の動きを利用します。椅子にしっかりと座り、まっすぐに見てくる人もいます。その場合、私は注意を向け、相手と同じことをします。このテクニックを用いて、私は素早く、そして心の底から相手の人生に入り込みます。それは楽しいですし、同時に効果的なコーチングに役立ちます。

　この種のミラーリングは、気付かれないようにこっそりと行わなければならないと考えているかもしれませんが、ミラーリングはクライアントに対して、思いやりや共感という感覚をもたらすため、彼らはあなたが意図的に彼らの行いを真似ていることには気づきにくいものです。それどころか、あなたがあまりに注目するため、彼らは肉体的にも精神的にも、恐らくはスピリチュアル的にさえも「理解されている」と感じます。クライアントへの効果、つまりこのテクニックがコーチのあなたにもたらす力を考えると、ミラーリングは磨いていくべき最もシンプルで役立つスキルの1つになります。

ホーリー・ストークスによるケーススタディ

　ホーリー・ストークスは脳のトレーナー、3冊の本の著者、スピーカー、そして NLP のマスターコーチで、応用心理学の分野で20年以上の経験があります。彼女は何千人ものクライアントに対し、古い習慣や、恐怖、ストレス、そして健康や活力を封じ込める妨害行為を脳の中で「つなぎなおす」ことを行っています。私たちが太る本当の原因を取り扱い、繰り返すダイエットを永遠に終わらせるために、彼女は『A Lighter You!（軽やかになる！）』（2013年）という書籍を出版しました。NLP や催眠、コーチングを用いて、クライアントにインスピレーションを与えることを大切にしており、クライアントをより健康で、より幸せな人生というゴールや成果に導いています。彼女の著書は複数の有名誌の中で引用されています。また、ラジオ番組や、彼女が多忙なビジネスライフを送っているソルトレークシティーの地元テレビにも出演しています。彼女は「人生、健康、幸福、達成、これらすべては脳の仕組みを知ると、より簡単なものになります」と言っています。

ラポール

　ある日、職場で上司とコミュニケーションを取ることに苦労しているクライアントがやってきました。彼はグラフィックデザイナーで、彼の上司は建設に従事していました。状況を説明しながら、彼は困惑している様子で「なぜ私の上司は理解してくれないんだ」という言葉を繰り返していました。彼が詳細な説明を続けていくうちに、ある時点でこう説明しました。「私の上司は本当にペースが遅くて、何かを言うのに5分もかかるんです！」

　こう述べた時に、彼の話すスピードが非常に速かったため、私はすぐに問題を特定することができました。つまり、彼と彼の上司では物事を処理する方法が異なっていたのです。このクライアントはグラフィックデザイナーということもあ

り、視覚優位で、コミュニケーションの速度が速いのです。彼の上司はおっとりとしていて、話す前に慎重に考えるタイプです。このコーチング・セッションの間に、私は物事の処理方法とコミュニケーションにおける違いについて彼と話しました。

　上司は、彼のことを理解できないというわけではなく、その上司のコミュニケーションスタイルがゆっくり処理するもので、彼とは異なるスタイルだということを彼自身が認識できるようにしました。そして、私は彼に、上司と話す時に使ういくつかの合図を教え、上司のコミュニケーション方法に合わせる実験をしてみるよう指示しました。

　この話し合いから、彼は自分と上司の異なる処理方法について意識するようになり、上司を理解することによりリラックスし、苛立ちを手放すことができました。つまり彼は、効果的に上司と話すためには、速度を落とす必要があるということを学んだのです。彼が上司のコミュニケーションスタイルを学ぶのにそれほど時間はかかりませんでした。そして、次の週に戻ってきた時、上司との関係が本当に変わったと言いました。彼はもはや感情的に苛立っておらず、上司のペースに合わせて速度を落とすことで、行き違いがはるかに少なくなったのです。上司は彼が述べたことをより覚えておけるようになり、彼らの関係の中の摩擦は減りました。

　異なる方法を認識し、上司と同じスピードで話しながら上司の処理方法をミラーリングおよびマッチングするラポールのスキルを活用することで、そのほんの小さな変化が、彼らのコミュニケーションからぎこちなさを取り除き、彼らの間で物事がより明確に、さらにポジティブなものになったのです。

リソース・ステート

　保険代理人になったばかりのクライアントがやってきた時のケースです。彼は、保険商品について見込み客と話をする時に、もっと安心感を覚え自信を感じるこ

とを望んでいました。そこで私は、新しい建物に入っていき、プレゼンを行うこ
とをどのように感じているか彼に尋ねました。彼は、駐車場では安心感を抱き、
自信を持っていたにもかかわらず、ドアに触れた途端、血の気が引くように感じ
たと答えました。彼はこの恐怖を変化させることを望んでいました。

このニーズに取り組むため、私は彼に強さや自信を与えるいくつかのポジティ
ブなリソース・ステートを作ることを手助けしました。彼には、幸せな記憶を考
えることで肯定的な感情にアクセスしてもらいました。彼が特に自信を感じた時
を思い出してもらい、その瞬間に戻れるように導きました。そこにいる間、彼に
はまた、いくつかの合図を結びつけてもらいました。その感情は彼にとって赤色
だったため、彼はその自信のある状態を赤という色でアンカリングしました。

このエクササイズの途中で、もう1つのアンカーを設定し、彼が安心感を覚え
やすいようにしました。彼が安心感を得たのは、家族の集まりにいた時でした。
その感情は黄色でした。それらの記憶やそこに結び付いている肯定的な感情を思
い出すにつれ、私のクライアントは記憶に結び付いている色について考え、自分
の感覚を持ち運びできるようになりました。彼は、その肯定的な感情の中に自分
を留まらせてくれる赤または黄色のシャボン玉に自分が包まれているという視覚
的なイメージを作りました。このリソース・ステートによって、彼は、自分自身
を弱らせるような恐怖を感じることなく、見込み客と話すことができたのでした。

色の合図を用いることで、恐怖が忍び込んでくる状況の中でこのリソース・ス
テートを素早く引き出せるようになりました。結果として、彼は建物や会議に足
を踏み入れる前に、恐怖がなくなるまで心の中でこの状態の中に入れるようにな
りました。恐怖に注目することから離れたことで、良い商品をどのように表現で
きるかということが分かり、彼の営業成績を押し上げ、彼に安堵感をもたらした
のです。

用語集

用語	説明
アウトカム	直訳は結果、結末、成果など。NLP コーチングにおける「望ましいアウトカム」とは、人が達成したいこと、または実現したいことを意図した未来の最終結果を意味する。設定したゴールを達成することで得られるもの。
アカウンタビリティ	アカウンタビリティとは、コーチングで頻繁に使用される言葉であり「報告責任」を意味する。セッション中にクライアントが実行すると約束したことに対し、クライアント自身の責任で行動を起こすこと、また、それをコーチに報告する責任を負うことを言う。
アジェンダ	計画・予定などを意味し、「実行に移す事柄」という意味も持ち合わせる。コーチングの場面では、クライアントが取り扱いたい課題や予定のことを指し、コーチはそれを保持していくためのサポートをする。
アソシエイト	NLP におけるアソシエイトとは、物事を主観的に見ている状態を言う。つまり当事者として特定の出来事を自分の視点で捉え、起きたことに対する感情的な反応を感じている状態のことを指す。
アンカリング / アンカー	その人の中で常に同じ内的反応を生み出す、外部からの刺激を身体に覚えさせること。身体が覚えた、特定の反応につながる刺激をアンカーと言い、アンカーを発火することで特定の反応を意図的に起こすことができる。アンカーは自然に身につくこともあれば、故意にかけることも可能であり、アンカーをかけることをアンカリングと言う。
エンパワーメント	エンパワーメントとは、「権限を与えること」「自信を与えること」「力を付けてやること」の意味を持つ言葉。個人や集団が本来持っている潜在能力を引き出し、生活や環境、社会をより良くするため、自らの意思でコントロールできるように援助すること。腹を空かせた者に魚を与えるのではなく、魚の釣り方を教えるという比喩がよく知られている。
クライテリア	NLP 用語で価値基準を意味する。とりわけ特定の状況において大切だと思っているものを描写するために使う言葉のこと。決断を下したり、何が容認できるかを判断しやすくするために用いられる。

システム	システムとは、複数の相互に影響し合う要素が集まって機能する組織や体系、全体のことを指す。日本語では「系」と訳されることもある。本書では、人それぞれの身体、精神、心、知識、過去の経験などが作り出す「個人」というシステムを指すことが多い。
ステート／リソース・ステート	行動や思考に影響を与える内面における心身の状態のこと。「内的ステート」とも言う。NLP では、ステートによって結果が決まると考えられているので、エクセレントなステート（すべてに卓越した状態）でいられるよう心がけることが重要とされている。
ストラテジー	直訳は戦略、策略、行動の組み合わせなど。人は一連の内的表象（映像、音、言葉、感情）を特定の順序で組み合わせていくことで記憶し、判断し、学習し、その他の認知的課題を達成している。NLP では、アウトカムを達成するために使われている内的表象の特定の順序をストラテジーと呼ぶ。
世界マップ	世界マップとは、人が個々に持っている、その人が捉えている「世界」や「世の中」を表象したもの。NLP の前提に「地図は領土ではない」というものがあるが、これと同様に、「世界マップは現実そのものではない」と言うことができる。人は、それまでの体験、刷り込み、ビリーフ、価値観がフィルターとして機能しながら、五感を通して入ってくる情報を処理している。その結果として作り上げられるのが個々の世界マップであり、2つとして同じものは存在しない。また、人はこの世界マップを参照しながら思考し、行動を起こす。
世界モデル	人が自分の中に独自に作り出す世界、また、その世界モデルに関連したバリュー、ビリーフや態度。
知覚位置	特定の状況をどの視点や観点から見て、聞いて、感じるかということ。 第1 ポジションは自分自身の視点。 第2 ポジションは相手の視点。 第3 ポジションは状況とは切り離された観察者の視点。
ディソシエイト	NLP におけるディソシエイトとは、物事を客観的に見ている状態を言う。ディソシエイトな状態では、自分の行動を第三者の視点から観察することができる。記憶の中の出来事を自分が映っている映画を見ているかのように、自分の姿をその映像の中に見ることがディソシエイトである。
パート	パートとは無意識の一部分であり、多くの場合、葛藤する思い込みや価値観を持っている。

表象システム	人が自分の中で世界を「表象」し、意味付けするために使っているシステムのこと。内的な（自分の中での）、そして外的な（外の世界の）映像（視覚）、音（聴覚）、感情や触覚（体感覚）、匂い（嗅覚）、味（味覚）、そして内部対話または独り言（オーディトリー・デジタル）を組み合わせて、人は物事や現象を自身の中で表象している。
ビリーフ／制限になるビリーフ	正しい／正しくない、好む／好まないにかかわらず、世界の様々なことに対してその人が「真実として」、あるいは「真実かもしれない」と信じ、受け入れていること。信念、思い込みとも言う。NLPでは、人のモチベーションを上げ、行動の原動力となるものを「力づけのビリーフ」、逆に行動意欲や可能性を制限し、目標達成や成功の足かせとなっているものを「制限になるビリーフ」と呼ぶ。
フィジオロジー	呼吸の速度や、姿勢の変化、身振り、肌の色、声のトーンの変化、目の動きなどに代表される生理反応。NLPの観点から言うと、精神および身体プロセスは共に緊密に混ざり合い、1つのシステムを作り上げること。
フレーム	フレームとは状況や背景を設定するもの。フレームが設定されることで人は何かと何かを識別することが可能となる。
プロセスワード	プロセスとは「過程」を意味し、特定の結果を出すための一連の行動と過程を指す。プロセス・ワードとは、そうした過程を表す言葉であり、動詞のこと。英語では「ing」で表現されることが多い。
メタアウトカム	「メタ（meta）」とはギリシャ語で「超える」「高次の」という意味。「メタアウトカム」とは、アウトカムのアウトカムと言うこともでき、1つのアウトカムを達成することで、本当に得られるものであり、人のモチベーションの源となるもの。例えば「お金」が欲しいと思うのは、数字と歴史上の偉人が描かれた紙が欲しいのではなく、その紙と交換で得られる何かを欲するということ。これが、「お金」のメタアウトカムの例である。
メタプログラム	特定の状況において、個人や集団の思考、行動、反応を決定し、パターン化させる心理的プログラムのことを指す。メタ・プログラムには多くの種類があり、例えば、何かの作業を終わらせることで得られる達成感を求めて頑張るのか、作業を終わらせないことで起きる問題を避けたいから頑張るのかなど、人のモチベーションを左右するのが「方向性」のメタ・プログラムである。前者は「目的追求型」、後者は「問題回避型」と呼ばれる。

メタモデル	人はそれぞれに、自分を取り巻く世界の模型（モデル）を自分の中に持っている。しかしこの模型は実際の世界とは一致していない。なぜなら人は、入ってくる情報を独自に削除、歪曲、一般化するからである。メタ・モデルとは、こうして削除、歪曲、一般化された情報を特定するために、一連の質問を聞いていくプロセスであり、相手が得ている、知覚に基づく具体的な情報を収集するために使われる。
ラポール	ラポールとはフランス語で「架け橋」を意味し、人と人との間の信頼関係を指す。ラポールを築く方法にはマッチング、ミラーリング（相手の動作や仕草、言葉などに合わせること）、ペーシング、バックトラッキングなど、様々なものがある。相手に波長を合わせ同調することで互いの信頼感や親密度を高め、批判や抵抗を弱めて提案を受け入れてもらいやすい状態を作ることができる。
リソース／リソースフル	NLPで言うリソースとは、人が最高の状態になるために必要な資源や資質のこと。周囲からのサポートや好機、内的状態、能力、スキルやツール、自分の経験、他者の経験、信念や価値観などが含まれる。リソースのある状態のことを「リソースフル」と呼ぶ。
リフレーミング	絵画に今までとは違う枠（フレーム）をかけることで絵の雰囲気が変わったり、枠の中に収められた風景の範囲や角度によって、同じ風景でも見えるものが違ったりするように、人が持つイメージや体験を異なる枠組みに入れることで新たな視点を与えること。

NLPプロコーチ認定講座のご案内

無料ご招待プレゼント

人生とビジネスで使える心理学

人生を変える学びのきっかけ
NLP体験講座

オンライン ┃ 東京 ┃ 名古屋 ┃ 大阪 ┃ 福岡

仕事や人間関係…
人生のステージを高める「心理学NLP」とは？
その面白さや効果を知っていただくための
体験講座を開催しています。

本書籍をお求めの方は、通常ご参加費2,200円(税込)のところ
期間限定で無料ご招待いたしております。

※無料ご招待は、予告なく終了となる場合がございます。
　予めご了承ください。

無料参加のお申し込み
日程のご確認は今すぐこちらから！

NLP体験講座
https://www.nlpjapan.co.jp/coach/

主催：NLP-JAPANラーニング・センター

株式会社ジーニアス・ブレイン
海外事業部通訳・翻訳チーム

横山真由美

山田冴由実

笠松亜紗美

井筒有紀

石井愛

Web 制作部

土肥幸子（図版作成）

野川太史（図版作成）

山下沙和恵（装丁）

コーチング 1 on 1で成果を最大化する心理学NLP

2021年12月25日　初版第1刷発行

著　者　ティム・ハルボム　ニック・レフォース　クリス・ハルボム

監　修　居山真希子

訳　者　横山真由美

発行者　芝健太

編集人　深澤晴彦

発行所　GENIUS PUBLISHING

　　　　東京都千代田区神田錦町3-18-3　錦三ビル4階

　　　　（株式会社ジーニアス・ブレイン　出版事業部）

　　　　TEL 03-5577-4447

　　　　https://www.nlplapan.co.jp

印刷・製本　三美印刷株式会社

本文デザイン・DTP　坂巻治子

次のステージを目指すあなたへ

人を覚醒に導く
史上最強の心理アプローチ

NLPコーチング

ロバート・ディルツ 著

足達 大和 監修 ／ 横山 真由美 訳
定価 2,860 円（本体 2,600 円＋税 10%）

有能なコーチが必要とする総合的な
ツールセットを提供する 1 冊。

健康で幸福な人生の鍵は、無意識にある

ホールネスワーク

人生の質を変える癒しと覚醒

コニレイ・アンドレアス 著

桶谷 和子 監修 ／ 横山 真由美 訳
定価 2,970 円（本体 2,700 円＋税 10%）

ホールネス・ワークは、自己変容や
精神の成長を探究する人々に深い
恩恵を与えることができるメソッド。

GENIUS PUBLISHING